尽 善 尽 美   弗 求 弗 迪

企业融资

策略·流程·案例一本通

胡华成◎编著

电子工业出版社

Publishing House of Electronics Industry

北京·BEIJING

内 容 简 介

资金是决定企业生存的第一要素。企业的现金流稳定，有助于产品迭代、员工稳定、企业长足发展。因此，融资是企业发展过程中一个永恒的话题，而融资的过程却充满了荆棘和曲折，让很多企业最终迷失在竞争的洪流里。

曾有媒体这样形容创业时代："在信息爆炸的当下，无数涌动的资本和激情的个体在不停地碰撞、交融、升华、分离，在咖啡里，在屏幕后，在网线中，这是所有创业者激发创造的最好时代……"。

企业成立时需要融资，企业进一步发展时需要融资，企业扩大规模时需要融资……融资伴随着企业发展的全过程。对创始人来说，准确把握融资节奏、了解融资流程及相关注意事项是非常重要的。

本书从融资需要考虑的问题讲起，全方位介绍了融资的全过程及融资后的注意事项，是一本企业融资的百科全书。本书意在帮助读者熟悉融资的操作方法，规避融资风险，从融资"小白"进化成融资专家。

图书在版编目（CIP）数据

企业融资：策略·流程·案例一本通 / 胡华成编著. —北京：电子工业出版社，2020.8

ISBN 978-7-121-38820-0

Ⅰ．①企… Ⅱ．①胡… Ⅲ．①企业融资－通俗读物 Ⅳ．①F275.1-49

中国版本图书馆 CIP 数据核字（2020）第 047144 号

责任编辑：张　毅　　　　　　　特约编辑：田学清
印　　刷：三河市鑫金马印装有限公司
装　　订：三河市鑫金马印装有限公司
出版发行：电子工业出版社
　　　　　北京市海淀区万寿路 173 信箱　　　　　　邮编：100036
开　　本：720×1000　　1/16　　印张：14.75　　　字数：256.8 千字
版　　次：2020 年 8 月第 1 版
印　　次：2024 年 11 月第 4 次印刷
定　　价：49.80 元

凡所购买电子工业出版社图书有缺损问题，请向购买书店调换。若书店售缺，请与本社发行部联系，联系及邮购电话：(010) 88254888，88258888。

质量投诉请发邮件至 zlts@phei.com.cn，盗版侵权举报请发邮件到 dbqq@phei. com.cn。

本书咨询联系方式：(010) 57565890。

前　言

创业难，守业更难。很多初创企业还没来得及成长就倒在了发展的路上，其中，融资难是导致这些企业倒闭的一个重要原因。

阿里巴巴的创始人马云曾说过："你一定要在你很赚钱的时候去融资，在你不需要钱的时候去融资，要在阳光灿烂的日子修理屋顶。如果等到需要钱的时候再去融资，那你就麻烦了。所以，在你不需要钱的时候去融资，这就是融资的最佳时间。"

可见，阿里巴巴获得成功并不是没有原因的，其创始人懂得融资的智慧，懂得未雨绸缪，把融资作为企业发展的长期战略，时刻保持警惕，避免让自己陷入被动。

在企业发展过程中，创始人必须提前规划融资战略，把握最佳融资时机。古语有云："知己知彼，百战不殆。"创始人只有对融资渠道和各类投资人足够了解，才能为自己的企业找到最合适的投资人。

融资是一个艰难又漫长的过程。由于缺乏融资经验，很多创始人在融资这条路上无法大展拳脚，畏首畏尾反而错过了很多机会，甚至因为不了解融资条款而与投资人签订了"不平等条约"，造成巨大的损失。

如何找到靠谱的投资人？如何撰写商业计划书？融资分几步走？如何规避投资协议中的陷阱？如何确保自己在企业中的控制权？这些都是创始人需要注意的问题。

因此，在融资谈判前学习必要的财务、税务、法务知识可以增加创始人谈判的筹码，也可以提升投资人对创始人的信任度，因为拥有足够专业的知识是创始人体现自己能力的最佳方式。

然而，融资成功并不是终点，融资后的资金管理才是对创始人最大的考验。因为企业需要的不仅是一轮融资，而是后续更多的融资。如果因创始人资金管理不善而导致投资人撤资，那么企业后续的融资将会非常困难。

创始人与投资人的关系也是决定企业健康发展的一个重要因素。创始人与投资人之间存在着矛盾却又彼此难以割舍，当创始人热情高涨时，投资人反而会更加小心谨慎。一方面，投资人想要创始人保持干劲；另一方面，投资人又怕创始人失去理智做出不当决策。

因此，与投资人的相处之道也是创始人的必修课。双方只有保持良性互动，才能为企业的发展安上"加速器"。

本书是一本企业融资的百科全书，主要介绍了融资渠道、投资人类型、融资方法、融资风险规避及融资后的资金管理等内容。本书意在帮助读者积累融资经验，跳出融资陷阱。另外，本书以方法论为重点，结合实际案例，具有较强的实用性，可以在实际的融资过程中为读者解惑。

本书读者对象：

- 创业融资者；
- 企业家、高层管理人员；
- 融资研究学者；
- 高校金融相关专业师生；
- 对融资感兴趣的其他人群。

目　录|

第 1 章

关于融资需要考虑的问题

创业融资绝非易事，投资人可能只需要关注项目的前景，但创始人需要关注方方面面的问题，包括融资给公司带来的明显的改变，如股份稀释、控制权减弱、财务公开化等，还有衍生出的其他一系列问题，如重大决策需要投票、投资人有可能参与运营、需要准备一份商业计划书、需要腾出精力与投资人打交道等。这些问题都需要创始人在融资前考虑清楚，以免在融资时出现对公司不利的情况。

1.1 三大主要改变

如果你是一个融资"小白"，那么你需要从头学起，先关注融资给公司带来的明显的改变。股份稀释、控制权减弱、财务公开化，是公司融资后的三大主要改变。创始人要把握好这三个变化，以免失去对公司的控制权。

1.1.1 股份稀释

股份稀释是融资给公司带来的直接后果之一。一些创始人可能意识到，他们所拥有的公司股份比例随着融资轮次的增多而不断减少。

随着公司不断壮大、外部融资不断增多，创始人所拥有的股份会不断减少。创始人最后究竟能拿到多少公司股份，很大程度上取决于公司的融资。

通常情况下，一个不断发展壮大的公司在上市前往往需要 5 轮以上的融资。一般来说，融资轮次可以划分为种子轮、天使轮、A 轮、B 轮、C 轮……IPO（首次公开募股）。

下面看一个简单的股份稀释案例。甲、乙、丙三人建立了 A 公司，他们的出资比例为 6:2:2，此时公司的股份结构如表 1-1 所示。

表 1-1　公司的股份结构

持　股　人	股　份　比　例
甲	60%
乙	20%
丙	20%

一年之后，天使投资人来了，双方经过评估，认为公司价值 100 万元，天使投资人愿意投资 25 万元，且要求在自己入股前公司先拿出 20%的股份建立期权池。

此时，A 公司的股份结构有所调整。

甲所占的股份：60%×（1−20%）=48%

乙所占的股份：20%×（1−20%）=16%

丙所占的股份：20%×（1−20%）=16%

期权池：20%

此时公司的股份结构如表 1-2 所示。

表 1-2　公司的股份结构

持　股　人	股　份　比　例
甲	48%
乙	16%
丙	16%
期权池	20%

在天使投资人加入后，A 公司的股份结构又会有所调整。

天使投资人所占的股份：25/（100+25）×100%=20%

甲所占的股份：48%×（1−20%）=38.4%

乙所占的股份：16%×（1−20%）=12.8%

丙所占的股份：16%×（1−20%）=12.8%

期权池：20%×（1−20%）=16%

此时公司的股份结构如表 1-3 所示。

表 1-3　公司的股份结构

持　股　人	股　份　比　例
天使投资人	20%
甲	38.4%
乙	12.8%
丙	12.8%
期权池	16%

此后，A 公司每引入一轮融资，都拿出 20%的股份给新的投资人。这样，随着外部融资逐渐增多，新的投资人的加入及期权池的调整会使创始人和原有投资人手里的股份被稀释。经过多轮融资和期权池调整后，创始人手里最终剩下的股份比例将会大大减少。

例如，一位创始人在公司成立之初有 80%以上的股份，而在公司上市后可能只剩下 20%的股份。

如果公司的现金流有问题，财务状况不太乐观，那么公司很可能以相对较低的估值来融到更多的资金。这样一来，创始人和原有投资人的股份会被稀释得更厉害。

股份稀释不一定是坏事。通过融资把公司一步一步做大做强，最终做到上市，这样的股份稀释就很值得。因为随着公司发展壮大，其市值会不断增长，而市值增长带来的收益远远高于出让的那一小部分股份的价值。

1.1.2　控制权减弱

控股是保障控制权的一种方式。对创始人来说，只有占股比例最高，才能有效保证对公司的控制权不落旁人。随着外部融资的加入，创始人的股份比例将会不断被稀释，与此同时，创始人的控制权也在减弱。

前不久，一家电商公司 A 公司的创始人就因为其控制权减弱而离开了自己一手创办的公司。

A 公司成立于 2008 年，差异化定位使公司很快在众多电商网站中脱颖而出。然而，随着市场规模的扩大，A 公司逐渐陷入了有市场但没有资金的困境。

更糟糕的是，受 2008 年金融危机的影响，VC（风险投资）机构不再愿意为电商行业投资。为了从困境中走出来，A 公司的创始人想尽一切办法，终于拿到了一家巨头公司的战略投资。

该巨头公司看中了 A 公司的资源,希望通过战略投资推动自身公司的发展。随后,该巨头公司向 A 公司投资了将近一亿元,获得了 A 公司 80%的股份。有了充足的资金后,A 公司的销售额有了很大突破,发展势头强劲。

然而,2015 年是 A 公司噩梦开始的第一年。在这一年里,拥有 A 公司 80%股份的战略投资者发现此次战略投资对自身公司业务的拓展没有起到什么作用,此时正赶上一家国外电商巨头公司（以下简称 B 公司）想通过 A 公司开展在我国的线上业务,于是该战略投资者将 A 公司 20%的股份以 6500 万美元的价格出售给 B 公司。

到 2019 年时,B 公司通过增持 A 公司股份,持股比例达到 51%,取代原战略投资者成为 A 公司最大的股东。B 公司的到来给 A 公司带来了不同的公司定位和发展方向。当时,B 公司在我国没有任何官方网上商城,业内人士认为,该公司之所以迟迟没有开展在我国的线上业务,是因为相中了 A 公司这个线上"替身"。

实际上,B 公司对 A 公司的定位与创始人的发展理念完全相反,创始人认为公司当前最需要市场扩张,而 B 公司的投资人追求业绩稳定。随着两者矛盾逐渐加深,A 公司内部出现了分化。当 B 公司派遣人员进入 A 公司时,A 公司的管理人员相继离职。最终,A 公司的创始人也选择安静地离开了自己一手创建的公司。

A 公司的案例告诉我们,创始人通过股权融资引入外来资本时,需要考虑防止控制权减弱的问题。第一,不能为了高估值而做出不切实际的业绩保证或不合理的人员安排保证；第二,正确认识投资协议的对赌性,尽可能避免签订对赌协议；第三,当投资人要求进入董事会时,一定要保证董事会成员的安排符合自己的利益。

1.1.3　财务公开化

无论是有限责任公司,还是股份有限公司,都必须向成为公司股东的投资人公开财务信息。创始人主要通过发送公司财务报表的方式向投资人说明公司的财务状况,包括公司资产、负债、经营数据等。

公司的三大财务报表包括资产负债表、利润表和现金流量表。资产负债表是反映拟挂牌公司在特定时间内的全部资产、负债和所有者权益情况的财务报表；利润表是反映拟挂牌公司收入、成本、费用、税收情况的财务报表，表现了公司利润的构成和实现过程；现金流量表是反映在一定时期内（如月度、季度或年度）拟挂牌公司的经营活动、投资活动和筹资活动对其现金及现金等价物所产生的影响的财务报表。

在公司融资上市前，创始人只需要向少数投资人公开财务信息；等公司挂牌新三板或上市后，则需要向公众公开财务信息。

以新三板为例，挂牌公司需要遵守信息披露制度。信息披露制度是证券市场特性与公众公司特性在证券法律制度上的反映，它要求公众公司依照法律规定向证券管理部门和证券交易所报告公司的财务变化、经营状况等信息和资料，以保障投资人的利益，接受社会公众的监督。

《全国中小企业股份转让系统挂牌公司信息披露细则》第九条规定："创新层挂牌公司应当披露的定期报告包括年度报告、半年度报告、季度报告。基础层挂牌公司应当披露的定期报告包括年度报告、半年度报告。"

财务公开化有利于公司进行财务基础规范化管理，对公司发展是有益的。

1.2 衍生出的其他一系列问题

除了三大主要改变，融资还会使公司衍生出其他一系列的潜在问题。股东增加可能会让重大决策需要投票决定，如何与投资人打交道也是创始人在管理上要面临的问题。投资人是否需要参与公司经营，以及怎样参与公司经营，这些都是创始人在融资前就要与投资人约定好的。

1.2.1 重大决策需要投票

在项目刚开始的时候，重大决策首先都是由创始人决定的，其次才会参考其他人员的意见。随着外部投资人的加入，公司需要依法设立董事会和股东（大）会。

董事会对股东（大）会负责，主要负责公司的日常经营事务。而股东（大）会由全体股东构成，是公司的权力机构。根据《中华人民共和国公司法》（以下简称《公司法》）第三十七条规定，有限责任公司股东会行使下列职权：

"（一）决定公司的经营方针和投资计划；

（二）选举和更换非由职工代表担任的董事、监事，决定有关董事、监事的报酬事项；

（三）审议批准董事会的报告；

（四）审议批准监事会或者监事的报告；

（五）审议批准公司的年度财务预算方案、决算方案；

（六）审议批准公司的利润分配方案和弥补亏损方案；

（七）对公司增加或者减少注册资本作出决议；

（八）对发行公司债券作出决议；

（九）对公司合并、分立、解散、清算或者变更公司形式作出决议；

（十）修改公司章程；

（十一）公司章程规定的其他职权。"

无论是董事会还是股东（大）会，决策都需要投票。董事会决议的表决实行一人一票，而股东（大）会的决议则由股东按照出资比例行使表决权。

作为股东（大）会的构成人员，股东拥有重大决策参与权。股东的重大决策参与权主要体现为股东通过参加股东（大）会行使表决权，或者通过选举、委派董事、监事或高层管理人员行使表决权。重大决策参与权具体表现在以下七个方面。

1. 参加股东（大）会权及表决权

《公司法》第三十六条规定："有限责任公司股东会由全体股东组成。股东会是公司的权力机构，依照本法行使职权。"

第四十二条规定："股东会会议由股东按照出资比例行使表决权；但是，公司章程另有规定的除外。"

第九十八条规定："股份有限公司股东大会由全体股东组成。股东大会是公司的权力机构，依照本法行使职权。"

第一百零三条规定："股东出席股东大会会议，所持每一股份有一表决权。"

2. 提议召开临时股东（大）会会议权

《公司法》第三十九条规定："股东会会议分为定期会议和临时会议。定期会议应当依照公司章程的规定按时召开。代表十分之一以上表决权的股东，三分之一以上的董事，监事会或者不设监事会的公司的监事提议召开临时会议的，应当召开临时会议。"

第一百条规定："股东大会应当每年召开一次年会。有下列情形之一的，应当在两个月内召开临时股东大会：（一）董事人数不足本法规定人数或者公司章程所定人数的三分之二时；（二）公司未弥补的亏损达实收股本总额三分之一时；（三）单独或者合计持有公司百分之十以上股份的股东请求时；（四）董事会认为必要时；（五）监事会提议召开时；（六）公司章程规定的其他情形。"

3. 召集和主持股东（大）会会议权

《公司法》第四十条规定："有限责任公司设立董事会的，股东会会议由董事会召集，董事长主持；董事长不能履行职务或者不履行职务的，由副董事长主持；副董事长不能履行职务或者不履行职务的，由半数以上董事共同推举一名董事主持。有限责任公司不设董事会的，股东会会议由执行董事召集和主持。董事会或者执行董事不能履行或者不履行召集股东会会议职责的，由监事会或者不设监事会的公司的监事召集和主持；监事会或者监事不召集和主持的，代表十分之一以上表决权的股东可以自行召集和主持。"

第一百零一条规定："股东大会会议由董事会召集，董事长主持；董事长不能履行职务或者不履行职务的，由副董事长主持；副董事长不能履行职务或者不履行职务的，由半数以上董事共同推举一名董事主持。董事会不能履行或者不履行召集股东大会会议职责的，监事会应当及时召集和主持；监事会不召集和主持的，连续九十日以上单独或者合计持有公司百分之十以上股份的股东可以自行召集和主持。"

4. 股份有限公司股东临时提案权

《公司法》第一百零二条规定："单独或者合计持有公司百分之三以上股份的股东，可以在股东大会召开十日前提出临时提案并书面提交董事会；董事会应当在收到提案后二日内通知其他股东，并将该临时提案提交股东大会审议。临时提案的内容应当属于股东大会职权范围，并有明确议题和具体决议事项。"

5. 股份有限公司股东累积投票权

《公司法》第一百零五条规定："股东大会选举董事、监事，可以依照公司章程的规定或者股东大会的决议，实行累积投票制。" 累积投票制是指股份有限公司股东大会选举董事或监事时，每一股份拥有与应选董事或监事人数相同的表决权，股东拥有的表决权可以集中使用。累积投票制的适用范围为股份有限公司董事、监事的选举。

6. 股份有限公司股东召开董事会临时会议提议权

《公司法》第一百一十条规定："董事会每年度至少召开两次会议，每次会议应当于会议召开十日前通知全体董事和监事。代表十分之一以上表决权的股东、三分之一以上董事或者监事会，可以提议召开董事会临时会议。董事长应当自接到提议后十日内，召集和主持董事会会议。"

7. 参加清算组权

《公司法》第一百八十三条规定："有限责任公司的清算组由股东组成，股份有限公司的清算组由董事或者股东大会确定的人员组成。逾期不成立清算组进行清算的，债权人可以申请人民法院指定有关人员组成清算组进行清算。人民法院应当受理该申请，并及时组织清算组进行清算。"

事实上，重大决策需要投票是创始人控制权减弱衍生出来的问题。然而，从规范公司经营治理结构的层面来看，重大决策需要投票对公司是有益无弊的。

1.2.2 投资人有可能参与运营

融资，意味着让投资人参与你的创业之路。在接受投资人的投资后，创始人的股份会减少，控制权会减弱。另外，投资人还有可能参与公司运营，所以创始人需要拿出一些精力用于打理与投资人之间的关系。

一些投资人对公司的管理相对宽松，平时不会参与公司运营，只在创始人需要的时候才出现。但也有一些投资人想要参与公司运营，创始人需要不断回复他们的邮件和电话。

小米的主要投资人之一 DST 就是一家相对宽松、基本上不参与所投公司运营的俄罗斯互联网投资机构。

小米拿到的第五轮 11 亿美元融资由前摩根明星分析师季卫东创办的全明星投资基金领投，新加坡国有性质投资机构 GIC、国内 PE（私募股权投资）机构厚朴投资、俄罗斯互联网投资机构 DST 和马云牵头的云锋基金跟投。

其中，DST 是俄罗斯互联网投资人尤里·米尔纳（Yuri Milner）于 2003 年创办的投资机构。此前，DST 还领投了小米 40 亿美元估值的第三轮和 100 亿美元估值的第四轮融资。

可以说，小米与 Facebook、阿里巴巴一样，背后都站着尤里·米尔纳这个投资大亨。用尤里·米尔纳的话来说："新一轮 11 亿美元融资过后，小米的估值有希望超过 1000 亿美元，成为下一个千亿美元公司，就像我投资的 Facebook、阿里巴巴一样。"

作为 DST 投资的首家生产、制造硬件的公司，小米已经与 DST 紧紧联系在一起。尤里·米尔纳表示："我被摆在他们前面的巨大机会所吸引，我认为没有哪家公司曾像小米这样短时间内达到 10 亿美元营收。从这一层面上看，小米的增长速度是史无前例的。"他还表示："小米有巨大潜力成为中国首个全球性消费品牌。"

在智能手机时代，中国已经逐渐发展为能与美国匹敌的互联网大国，在有些区域甚至超越了美国。与此同时，DST 也非常看好中国市场，将中国视为与硅谷并列的投资主战场。创业公司口袋购物 3.5 亿美元的 C 轮融资、滴滴打车 7 亿美元的 D 轮融资中都出现了 DST 投资方的身影。而早在 2011 年，DST 就分别投资了阿里巴巴和京东，并因为阿里巴巴、京东的上市得到丰厚的回报。

成立于 2003 年的 DST 从 2009 年开始名声大噪，原因是 DST 向 Facebook 注资 2 亿美元换取 1.96%的股份。在 Facebook 于 2012 年上市后，DST 获得了超高的回报。

DST 是一家专注于互联网企业的投资机构，但是其团队成员是一批来自高盛的前投行人士。他们对于互联网的一级和二级市场理解得非常透彻，他们不会投早期，从投资金额上看更像私募股权投资。从 DST 之前的投资案例可以看出，其投资为大手笔投入，而且都是争取在公司上市前 1~2 年投资，包括 2009 年投资 Facebook、2011 年投资 Twitter 及 2011 年投资阿里巴巴和京东。

创新工场 CEO（首席执行官）李开复对 DST 的投资进行了解读，称："DST 带给 CEO 的最大帮助就是推迟 1~2 年上市，不必浪费时间找投行，在这段时间内 CEO 能专注地把公司做好（或用这笔巨额打败竞争对手）。另外，有些关键员工在公司上市后就会失去斗志，选择离职退休、离职创业等，推迟 1~2 年上市等于得到这些员工多两年的服务，也可以做更妥当的交接工作。"

另外，DST 还愿意收购部分员工持有的股份，让 CEO 决定可以套现的员工和套现股份比例（如每人最多套现 25% 的股份，最多套现 100 万美元）。这种做法既可以推迟上市，又可以让部分员工少量套现，而且不损失个人动力。

关于 DST 投资的公司，下面列举了四个特点。

① 只投资他们认为有爆发性成长潜力的公司。

② 只投资估值为 10 亿美元以上的公司。

③ 只投资已经盈利且利润即将迎来爆发性增长的公司或拥有较高门槛和较大用户群、盈利可以推迟的公司。

④ 只投资创始人和 CEO 有塑造、经营一个巨头公司的能力的公司。

小米正是因为符合以上所有的条件，才得到了 DST 的青睐。2011 年 3 月，尤里·米尔纳通过引荐人和雷军约定了一场会面，为之后的投资拉开了序幕。

从 DST 当前在中国的投资盘来看，DST 将成为中国资本市场中一股不能忽视的力量。而小米已经打下了非常不错的基础，通过不断地迭代创新，小米的未来将会越来越好。

不是所有的创始人都能遇到像 DST 一样信任创始人的投资人。如果创始人接受了想要参与公司运营的投资人的投资，那么就应该与之建立良好的合作伙伴关系，避免出现"互撕"的情形。

1.2.3 需要准备一份商业计划书

准备商业计划书是融资的必备工作。为了成功吸引投资人，创始人必须认真完成这项复杂的工作。只有将商业计划书写得足够好，才能吸引更多投资人的目光，让他们愿意为公司注入资本，帮助公司更好、更快地经营和发展。

但是，什么样的商业计划书才能吸引投资人的目光呢？最关键的一点是，商业计划书要写得简洁、清楚，让投资人只要看到商业计划书就能清楚地了解创始人的项目计划及其中的亮点。

那么，要怎么做才能达到上述效果呢？下面为大家具体讲解一下。

1. 根据逻辑建立结构

商业计划书应当分成几大部分，包括市场营销方案、市场执行方案、公司管理团队介绍、资金使用情况介绍等。这几大部分都是按照一定的逻辑顺序撰写的，投资人可以据此区分项目的层次，对项目的各个部分有一个清楚的了解。

2. 明确并突出重点

商业计划书的重点是吸引投资人对项目进行投资。所以，创始人在撰写商业计划书时，需要明确重点，保证所有的内容都是为吸引投资人服务的。另外，创始人还需要对其中的重点要素进行标注，让投资人一眼就能看到计划书的重点。

3. 加入图表与数据

通常情况下，人们对纯文字的表述会产生反感情绪，而更倾向于图表和数据的表述。因此，创始人在撰写商业计划书时，应当多加入图表和数字，如企业的利润表、资产负债表、重要经济指标和比率的图示等。

直观的图表和数据能够让投资人对公司的经营状况有清楚的了解。与大面积的文字阐述相比，投资人更喜欢图表和数据。所以，想要让商业计划书表达得更形象，就需要多用图表和数据。

事实上，商业计划书的实质就是对融资项目的可行性进行论证，所以创始人需要将项目的基本情况和收支情况进行清晰、完整的阐述。在结构上，注意分层次、分条理；在表达上，多用图表和数据进行具体化表达。这样才能让商业计划书发挥效用，完成初步打动投资人的任务。

1.2.4 需要腾出精力与投资人打交道

想要融资就少不了花大量时间与投资人接触。在确定潜在投资人后，创始人需要找到一种礼貌的方式继续与投资人联系。有可能的话，见面次数越多越好，这样会提高项目融资的成功率。

有的创始人在与投资人见面后就单方面等待投资人联系，认为投资人不联系自己是对项目没有兴趣，然而事实并非如此，投资人还有许多其他工作需要处理，与创始人见面的事可能很快就被抛诸脑后了。因此，在见面后的第二天，创始人应当发一封简短的感谢邮件给投资人，这是在与投资人见面后首先要采取的行动。

有时，创始人向投资人发送邮件后一两个星期过去了，但是依然没有得到投资人的回复，那么可以采取进一步行动。

进一步行动就是再向投资人发一封邮件，注意用语文明礼貌。在这封邮件里，创始人可以描述公司的发展近况或关于公司的一些好消息等。虽然距离上次与投资人会面已经过去了几周，但是创始人一直有新的好消息提供给投资人，这样不仅能让投资人看到创始人的进取心，还能够持续地吸引投资人的目光。

需要注意的是，在第一次与投资人会面时，创始人不能将公司信息和盘托出，而应该有所保留，这样才能在之后给投资人更多的惊喜。

融资就像推销，创始人需要懂方法、讲策略。创始人可以在邮件里加上一句话："我知道您非常繁忙，所以我会在一周后再次与您确认相关事宜，您觉得这样可以吗？"

投资人一般都是很忙碌的，所以他们回复邮件的可能性比较小。对此，创始人无须生气，应当尝试多发几封邮件体现自己的诚意。

第 2 章

天使投资：自发又分散的民间小额投资

天使投资指的是个人出资帮助项目创意好、有发展前景的初创企业创业，并承担创业失败的高风险、享受创业成功的高收益。这是自由投资者或非正式风险投资机构对原创项目的一次性投资，一般是企业的第一笔融资，天使投资人一般还会为被投企业提供资金以外的综合资源。

2.1 天使投资的特点

天使投资作为初创企业的第一笔融资，一般有金额小、一次性投入等特点。因为天使投资的对象通常只是一个想法或创意，没有实质的产品和完整的商业模式，所以这些投资常来自创始人的朋友或商业伙伴等对创始人极为了解的人。

2.1.1 初创企业的第一笔融资

在创业初期，天使投资人一般就会把资金投入企业。天使投资人在做投资决定时非常看重创业团队，如果他们对创始人的能力深信不疑，就会愿意为创始人提供帮助。天使投资的范围非常广，涉及多个行业的初创企业。

天使投资对初创企业的作用重大，而天使投资的回报也是非常可观的。按照阿里巴巴上市时的估值计算，其天使投资人孙正义以 2000 万美元的投资获得的股份估值约 580 亿美元，而孙正义也因此重新成为日本首富。

通常情况下，天使投资对回报的期望值为 10～20 倍。因为天使投资人一般会在一个行业内同时投资 10 个以上项目，最终可能只有一两个项目成功，所以 10 倍以上的回报才能有效分担风险。

2.1.2 金额小、一次性投入

天使投资的金额较小，一般是一次性投入。一般情况下，天使投资的金额为 500 万元以下的占 78%，500 万～1000 万元的占 13%，1000 万元以上的只有 9%。由于天使投资人投入的资金不多，所以他们在初创企业所占的股份也不多，一般为 10%～30%，绝对不会超过 35%，倾向于小比例占股。

天使投资人在投资前的尽职调查并不严格，投资人主要通过主观判断或根据个人喜好做出投资决定。天使投资一般由一个人投资，属于个体或小型的商业行为。

与风险投资相比，天使投资的门槛更低。对于同一个创业构思，只要有发展潜力，就有可能拿到天使投资，而风险投资人一般对这些不太成熟的创业构思兴趣不大。

天使投资人不但可以为初创企业提供资金，还会给其带来人际关系等资源。天使投资往往是一种参与性投资，也被称为增值型投资。在投资后，天使投资人会积极参与被投企业的战略决策和战略设计，为被投企业提供咨询服务，帮助被投企业招聘管理人员，协助公关、设计人员打通渠道。

在创投圈里，天使投资人的重要性与日俱增。因此，创始人应当重视天使轮融资，多学习其他创始人成功的融资经验。

2.1.3 主要来自朋友或商业伙伴

"有了初步的产品形态，已经可以拿给投资人看；有了初步的商业模式，但是否可行有待验证；积累了少数核心用户。"当企业出现上述特征时，就需要天使投资人和天使投资机构的参与了，这一轮的融资被称为天使轮融资。

2019 年 11 月 11 日凌晨，伴随着三只松鼠工作人员的尖叫声，三只松鼠的销售额仅用了 19 分 23 秒就突破了 1 亿元。值得注意的是，2018 年"双 11"期间，三只松鼠的全渠道销售额是 6.82 亿元，而 2019 年三只松鼠的全渠道销售额是 10.49 亿元，同比增长 53.81%。

三只松鼠是一家以坚果为主营业务的食品电商企业，2012 年 6 月正式上线，创始人为"松鼠老爹"章燎原。在上线后，三只松鼠仅用了 65 天就在天猫商城同类商店销售中排到了第一名；2013 年，三只松鼠的全年总销售额突破 3 亿元；截至 2019 年，它的市值已经超过了 263.5 亿元。

2012 年年初，IDG 资本合伙人李丰通过社会化媒体认识了章燎原，两人性格非常合得来，很快成为好朋友。2012 年 3 月，章燎原创业后与李丰第一次合作，拿到了 IDG 资本 150 万美元的天使投资（A 轮融资）。

2013 年 5 月，三只松鼠获得 600 万美元的 B 轮融资，领投方为今日资本，IDG 资本跟投；2014 年，三只松鼠完成 C 轮融资，今日资本和 IDG 资本共同投资 1.2 亿元；2015 年 9 月 16 日，三只松鼠获得 3 亿元的 D 轮融资，估值达 40 亿元，成为互联网上估值最高的电商品牌。此轮融资的投资方为峰瑞基金，前 IDG 资本合伙人李丰为其创始人。

三只松鼠的融资案例进一步说明了天使投资的重要性。天使投资人通常是创始人的朋友或商业伙伴，由于他们对创始人的能力深信不疑，所以愿意在创业初期就向创始人投入大笔资金。一笔典型的天使投资往往只有几百万元，仅为风险投资的一小部分，却对创业项目能否存活下去有着至关重要的影响。

2.2　天使投资的模式

天使投资有不同的投资模式，包括自然人模式、团队模式、基金模式、孵化器模式、平台模式等。不同的投资模式所获得的融资金额和操作模式有所不同，创始人需要根据自己的资本和项目进行选择。

2.2.1　自然人模式

天使投资人大多是有一定财富积累的企业家、成功创始人、风险投资人等。他们在投资后会积极为初创企业提供战略规划、人才、公关、人脉资源等增值服务，是早期创始人的重要支柱。

随着天使投资的发展，李开复、雷军、马化腾等天使投资人越来越多。国内成功的民营企业家逐渐发展成为天使投资的主力军，手头有闲置资金的律师、会计师、企业高管及行业专家等也在做天使投资。很多天使投资人都有过创业经历，他们更容易理解创始人的难处，是初创企业的最佳融资对象。

2.2.2 团队模式

天使投资的自然人模式有一定的局限性，如项目来源少、个人资金实力不足、投资经验不足等。于是，一些天使投资人开始组织在一起，组成天使俱乐部或天使联盟等天使投资团队。

天使投资团队有非常多的优势，如汇集项目来源、成员之间分享行业经验和投资经验等。有一些天使投资团队联系紧密，会通过联合投资的方式对外投资。典型的天使投资俱乐部和天使联盟有上海天使投资俱乐部、深圳天使投资人俱乐部、亚杰商会天使团等。

2.2.3 基金模式

随着天使投资的进一步发展，天使投资基金等机构化的天使投资模式逐渐发展起来。有些资金充足、活跃于创投圈的天使投资人设立了天使投资基金，进行专业化运作。比如，新东方董事徐小平设立了真格天使投资基金。

另外，还有一类天使投资基金与风险投资基金形式相同，但投资规模较小。这些基金的资金来自企业、外部机构或个人的投资，如创业邦天使基金、联想之星创业投资等。

天使投资基金的投资金额一般为几千万元，单笔投资金额为数百万元。他们经常与风险投资基金联合投资，作为领投要求进入董事会。

2.2.4 孵化器模式

创业孵化器一般建立在各个地区的科技园中，主要为初创企业提供启动资金、廉价的办公场地、便利的配套设施及人力资源服务等。在企业经营方面，孵化器还会为初创企业提供各种帮助。

我国科技部办公厅发布的《科技企业孵化器管理办法》指出："孵化器的主要功能是围绕科技企业的成长需求，集聚各类要素资源，推动科技型创新创业，提供创业场地、共享设施、技术服务、咨询服务、投资融资、创业辅导、资源对接等服务，降低创业成本，提高创业存活率，促进企业成长，以创业带动就业，激发全社会创新创业活力。"

美国硅谷的 Y Combinator 是知名的创业孵化器，吸引了很多知名天使投资人加入，其孵化出的初创企业被其他天使投资人、风险投资人争相投资。Y Combinator 会给创始人安排教练和创业课程辅助，但不提供创业场地。

最近几年国内的创业孵化器也开始有所发展，后续会有巨大的潜力。典型的代表是李开复创立的创新工场、天使湾创投的聚变计划、北京中关村国际孵化器有限公司等。

2.2.5　平台模式

移动互联网的快速发展促使越来越多的应用终端和平台对外开放接口，让初创企业可以基于自己的应用平台进行创业。比如，围绕苹果的 App Store 平台、围绕腾讯的微信公众号平台等，让很多初创企业趋之若鹜。

一些平台为了加强对创始人的吸引力、提升平台价值，设立了平台型天使投资基金，给有潜力的初创企业提供启动资金。平台型天使投资基金不仅可以为初创企业提供资金支持，还会给其带来丰富的平台资源。

平台型天使投资基金的典型代表有网龙公司与 IDG 资本设立的"M Fund 移动互联网投资基金"、360 公司发起的"免费软件起飞计划"、新浪推出的"中国微博开发者创新基金"等。

第 3 章

股权众筹：解决中小企业融资难的互联网民间融资

股权众筹的概念来自美国。美国学者迈克尔·萨利文（Michael Sullivan）首次在他的文章中使用了"Crowdfunding"一词，并将其定义为"众人通过互联网把资金汇聚在一起，由此来支持他人或者组织发起项目"。作为一种创新的融资渠道，股权众筹符合多层次资本市场的需要，为一些创意出众但资金短缺的创始人提供了第一笔资金。

3.1　股权众筹的特点

同天使投资一样，股权众筹也适用于种子轮或天使轮融资，具有金额小、人数多、投资门槛低等特点。股权众筹主要通过互联网上的股权众筹平台面向大众，创始人完全凭借项目本身来吸引投资人的目光，因此股权众筹对项目本身的创意性要求较高。

3.1.1　适用于种子轮或天使轮融资

一些创始人想要做股权众筹，然而他们的企业已经完成种子轮和天使轮融资，进入 A 轮融资阶段，且估值相对较高，那么最后的众筹结果往往以失败居多。这是因为股权众筹平台一般不接受发展到后期的项目，只接受需要进行种子轮或天使轮融资的项目。

比如，大家投平台对众筹项目的要求为还没有引入 A 轮风险投资、融资金额为 20 万～1000 万元。又如，天使客平台对众筹项目的要求为在 TMT（未来互联网科技、媒体和通信）领域、处于天使轮或 Pre-A 轮（介于天使轮和 A 轮之间）融资阶段，即进行天使轮融资的众筹项目估值必须低于 1500 万元，出让股份为 20%左右，进行 Pre-A 轮融资的众筹项目估值必须低于 4000 万元，出让股份为 5%～10%。

天使汇是一个专门帮助初创企业迅速找到天使投资人、帮助天使投资人发现优质项目的股权众筹平台。天使投资在国内的发展比较落后，主要原因是其诚信体系不完善、激励机制不足。对此，天使汇等早期股权众筹平台采取了实名制、小额、快速、多轮融资等一系列措施有效降低了投资风险。为了激励天使投资人投资，天使汇建立了企业动态估值模型，设计了分层的投资回报机制，并为企业积极筹备此后的 A 轮、B 轮融资，以便投资人获利。

综上所述，如果你正在为企业筹划种子轮或天使轮融资，那么不妨考虑一下股权众筹融资的方式。

3.1.2　金额小、人数多、投资门槛低

天使街股权众筹平台的数据统计结果显示，筹集到目标融资额的股权众筹项目占股权众筹成功项目的 50%；筹集到资金但未达到目标融资额的股权众筹项目占股权众筹成功项目的 50%。这意味着，只有一半的项目能通过股权众筹达到筹资目标。另外，随着参与股权众筹的项目不断增多，竞争更加激烈，融资成功率持续降低。

在开始的时候，项目的融资金额不可以设置得太大。因为较小的融资金额可以在较短的融资期限内达到，这样反而会刺激更多的投资人参与进来。

因此，股权众筹要求项目的融资金额要适中，毕竟股权众筹还不是当前股权投资市场的主要渠道，如果项目的融资金额太大，就会加大股权众筹的风险，不利于企业的后期发展。通过对众多股权众筹平台进行分析，得出股权众筹项目的融资金额为 50 万～500 万元比较合适。

如果项目的融资金额过小，则可能会因其运作成本过高而不具有操作性；如果项目的融资金额过大，则投资人数往往会超越有限合伙企业的人数限制。比如，谷歌最神秘的项目 Google X，如果要进行股权众筹，则其动辄上亿元的融资需求是大多数投资人都承担不了的。如果每位投资人根据自己的能力投资几十万元，那么投资人数又将超过中国证券监督管理委员会（以下简称中国证

监会）规定的 200 人上限。

确定一个合理的融资金额是极为重要的。一般来说，融资金额为 300 万元以下是比较合理的，融资成功率也更高。毕竟股权众筹也是存在风险的，投资人会根据项目的风险程度及预期收益确定自己的投资金额，而创始人也可以根据自身项目的风险程度及预期收益测算出合理的融资金额。

除此之外，专业性太强的项目往往难以融资成功。因为参与股权众筹的投资人大多是不专业的普通投资人，需要通过自己的分析判断在线上做出投资决定，如果项目所在领域过于晦涩难懂，那么普通投资人很可能无法立即做出投资决定。

股权众筹还有一个特点就是投资门槛低。正因如此，更多的普通投资人才能够参与进来。目前，很多股权众筹平台没有最低的投资限额要求或者投资限额很低。以国内专注于股权众筹的同筹会来说，投资门槛低至千元。对普通投资人来说，股权众筹提供了一条低成本参与项目投资的捷径。

综上所述，创始人想要进行股权众筹融资，不仅要考虑投资人能为自己提供什么，还要考虑自己能否满足投资人的需求，为投资人提供股权之外的更多利益。

3.1.3 通过互联网上的股权众筹平台面向大众

股权众筹是一种以互联网上的股权众筹平台为媒介的融资方式，其运作流程建立在股权众筹平台的基础上。

股权众筹的第一步就是创始人向平台提交商业计划书。1.2.3 节曾提到，融资需要准备一份商业计划书。股权众筹融资所需的商业计划书与普通商业计划书有一些不同之处。

与普通商业计划书写给特定的投资人不同，股权众筹的商业计划书主要面向互联网上的普通投资人。所以，股权众筹的商业计划书不能涉及商业机密等信息，更多的是将融资项目公开地向投资人展示。股权众筹商业计划书也可以看作一份招股说明书，在书写时需要参考招股说明书的写作要素、结构和项目的展示范围，这样就可以达到通过商业计划书向公众展示和说明项目融资或发行股票相关事宜的效果。

股权众筹项目是借助股权众筹平台来开展的，所以创始人在提交商业计划书时，需要对平台的特点进行分析和研究，遵守股权众筹平台的相关规定和要求。

股权众筹以投资人的个人投资为主，所以表现出平民化的特征。因此，股权众筹的商业计划书要适应投资人的需求，尽量做到结构简单明了、文字表达清晰，让普通投资人看得懂。通常，为了让商业计划书对投资人更有吸引力，创始人还可以在商业计划书中加入美术元素，增强其视觉冲击力和可读性。

以上就是股权众筹商业计划书与普通商业计划书的不同之处。创始人在提交计划书时，需要了解和掌握以上知识，以便顺利获得融资。

股权众筹在实施过程中需要相应的股权众筹平台作为支撑，在创始人向股权众筹平台提交商业计划书后，股权众筹平台会负责对商业计划书进行审核，以保证平台上线的股权众筹项目合法、合规。

通常，股权众筹平台从三个方面对项目进行审核，包括项目的可行性、企业的实际经营情况、项目的合法性。

在分析项目的可行性时，股权众筹平台会从项目的基本情况、资金投入、产品定位、项目风险、产品营销策略等方面进行分析。通过这些方面的核查，可以保证项目具备可行性。

在核查企业的实际经营情况时，股权众筹平台会专门派行业中有丰富从业经验的人对企业进行现场走访调查。现场走访调查的主要目的是将商业计划书中所写的企业情况与实际的企业经营情况进行匹配，审查企业的生产线是否正常运转、人员管理是否规范等，保证企业在融资成功后具有生产相关产品的能力。

发起股权众筹的前提是其项目合理合法，所以股权众筹平台在审核项目时会特别注意对项目合法性的审查。通常，股权众筹平台会从企业的财务及企业所涉债务、企业的各项条款等多个角度进行调查。

股权众筹平台审核完项目后，就会在平台上线项目的融资信息。通常情况下，项目的融资信息设置合理可以让项目吸引更多投资人的关注。股权众筹项目的融资信息涉及的要素有四个，分别是目标融资额、筹款期限、项目包装和回报模式。

在股权众筹项目中，目标融资额的设定非常重要。它的设定能够在一定程度上反映项目是否合理、有效。所以，创始人需要根据产品的生产情况来设定股权众筹项目的目标融资额。

一般情况下，创始人会考虑和分析产品的生产流程、制造工艺、劳务花费及产品的包装和物流运输成本，据此预估和设定股权众筹项目的目标融资额。

企业在进行股权众筹时，需要设定合理的筹款期限。相关调查显示，股权众筹项目的筹款期限最好设定为 1 个月。1 个月的时间不会太长也不会太短，不仅可以使项目有充分的时间进行融资，还不会让投资人失去耐心。

项目包装是项目融资信息中的一大要素。经过包装的股权众筹项目的融资成功率远远高于没有包装过的股权众筹项目。其中，视频包装在项目包装中占据重要位置，在股权众筹项目中加入视频能够大大提高融资成功率。因此，创始人在进行股权众筹融资时，需要对项目进行有效包装。

为了吸引投资人投资，创始人在发起股权众筹之前需要对项目的回报模式进行分析和研究。一般来说，为了回报项目的支持者，创始人除了会将一定的股份分给投资人，还会为投资人提供项目的新产品及衍生品。这种回报方式不仅能为投资人提供更多的回报，还能帮助产品进行口碑宣传，扩大产品影响力。

在筹款期限内，如果达到创始人设定的目标融资额，那么股权众筹融资就算完成了，投资人需要在相应的期限内交付资金；如果没有达到目标融资额，那么股权众筹平台会在一定期限内向投资人返还投资资金。

如果股权众筹的项目是可实行的，并且在未来有可能出现较高的收益，那么项目融资成功的可能性就会非常大。相反，如果股权众筹项目不被大多数投资人所接受，那么项目融资失败的可能性就比较大。

在股权众筹的筹款期限到期后，企业如果获得足额资金，就需要与投资人签订投资协议。股权众筹的投资协议与一般的投资协议内容十分相似，大体包括投资人在项目中所投的资金及所获得的股份。另外，投资协议中还会规定协议双方所享有的权利和义务。其中，最为重要的内容就是投资人在项目成功后所获得的回报金额和方式。

3.2 股权众筹的模式

股权众筹有不同的众筹模式，包括凭证式众筹、会籍式众筹、天使式众筹等。不同的众筹模式有不同的运营方式，但要注意股权众筹和非法集资的区别。

3.2.1　凭证式众筹

2012 年，淘宝上线了一家名为"美微会员卡在线直营店"的店铺，其店主名为朱江，是美微传媒的创始人。用户在店铺中购买相应金额的会员卡，就可以享受"订阅电子杂志"的服务，同时还能拥有美微传媒的原始股 100 股。

从同年 10 月到次年 2 月，美微传媒共进行了两轮募集，有 1191 名会员参与了认购，总计认购 68 万股，美微传媒共计募集资金 120.37 万元。

美微传媒的众筹模式引起了业界很大的争议，不少人认为这是一种非法集资的行为。随后，未等交易全部完成，淘宝官方就迅速关闭了该淘宝店，并宣称禁止利用淘宝平台公开募股。

中国证监会也约见了朱江，最后判定该融资行为不合规，美微传媒需要向所有购买凭证的投资人全额退款。《中华人民共和国证券法》第九条规定："公开发行证券，必须符合法律、行政法规规定的条件，并依法报经国务院证券监督管理机构或者国务院授权的部门注册。未经依法注册，任何单位和个人不得公开发行证券。"因此，不管何种形式的股权众筹，都需要报经证券监管部门注册才可以。

3.2.2　会籍式众筹

许单单从互联网分析师转型为投资人已经好几年了，他建立了知名创业投资平台 3W 咖啡。3W 咖啡采用众筹模式，向公众募集资金，每人 10 股，每股 6000 元，相当于每人出资 6 万元。当时，这件事的微博热度很高，3W 咖啡很快就聚集了一群知名投资人、创业者和企业高管，包括沈南鹏、徐小平、曾李青等，阵容堪称华丽。

3W 咖啡由此引发了中国众筹式创业咖啡的潮流，几乎每个城市都建立了众筹式的 3W 咖啡。3W 咖啡以创业咖啡为契机，继续将品牌延伸到了创业孵化器等领域。

虽然 3W 咖啡的投资规则很简单，但并非任何一个有 6 万元的人就可以参与投资，3W 咖啡的股东必须符合一定条件。3W 咖啡的定位是互联网创投圈的顶级圈子，所以其能给股东的并不是 6 万元带来的投资分红，而是创投圈的入场券和人脉资源。

试想一下，如果一位投资人在 3W 咖啡中发现了一个好项目，那么他获得的利益远远大于 6 万元。同样，只要支付 6 万元就可以结识大批优秀的企业家和投资人，这些人脉带来的价值同样远远超过 6 万元，毕竟顶级企业家和投资人的经验和智慧不是用金钱能衡量的。

这种会籍式众筹的模式在创业咖啡的热潮中得到完美的发挥，这种众筹模式适合在同一个圈子中的人共同出资创业。比如，3W 咖啡有一个咖啡馆，可以方便股东们进行交流。

虽然咖啡馆利润微薄，但这并不能抵消会籍式众筹模式的优点。以此为基础，创始人甚至可以用会籍式众筹模式开餐厅、酒吧、美容院等其他高端服务场所。

其实，早在 2008 年英国就有了一个名为 M1NT Club 的会籍式众筹股权俱乐部。俱乐部中有很多明星股东会员，并且有很高的入会门槛，甚至连贝克汉姆也曾被他们拒绝过，原因是当初贝克汉姆效力于皇马，常驻西班牙，不常在英国，因此不符合入会条件。后来，M1NT 在上海设立了分部，吸引了近 500 位上海地区的富豪入会，但其还是以外商为主。

会籍式众筹以现今流行的圈子文化为背景，辅以高端的服务质量，打造高端的商务社交场所。这种模式不仅可以为创始人筹集资金，还能吸引圈子中的知名人士，从而锁定一批忠实客户。另外，投资人也能在无须经营的情况下，拥有自己的会所、餐厅、酒吧等，既能获得一定收益，又可以拥有更高的社会地位，可谓一举两得。

3.2.3　天使式众筹

大家投是一个众筹式的天使投资平台，其创始人李群林在平台建立初期屡屡碰壁。许多投资人都认为他不会成功，一是因为他投资最多的是明星创业者，二是因为他从未做过互联网投资人，缺乏相关经验。

但李群林并没有放弃，他不断在微博上发表自己的理念，集结了一批认可他的粉丝和朋友。经过两个月的努力，深圳创新谷孵化器向他伸出橄榄枝，表示愿意成为他的项目的领投人。不久，又有 11 位投资人陆续加入，总计 12 位投资人，每人最高出资 15 万元，最低出资 3 万元。除了深圳创新谷孵化器是一个机构，其他投资人更多的是非专业投资经营的个人。

大家投网站的模式是这样的：首先，创始人将创业项目发布到平台上，吸引足够数量的小额投资人投资；然后，投资人按各自的出资比例建立有限合伙企业，领投人为普通合伙人，跟投人为有限合伙人；最后，投资人再以该企业法人的身份入股被投企业。在融资成功后，大家投作为中间平台会从中抽取 2% 的融资顾问费。

为了保证投资人的资金安全，大家投推出了一款名为"投付宝"的中间产品。这实际上是一种投资款托管业务，投资人的投资款会由兴业银行托管的第三方账户代为保管，待被投企业正式注册后再向其拨款，这样就可以分批拨款，如投资人计划投资 100 万元，可以先拨付 25 万元，然后根据项目的运营状况再决定是否继续拨款，以此来降低投资的风险。

对创始人来说，投付宝可以让投资人在认投项目时就将投资款转入托管账户，这样可以有效避免投资人轻易反悔带来的风险，大大提升融资效率。由于投资款是分批转入被投企业的，这样既能降低投资风险，又能提高投资人参与投资的积极性，也可以提升创始人的融资效率。

天使式众筹模式适合成长性好的高科技创业项目融资，但需要投资人充分理解项目模式。这种模式的投资门槛较高，对创始人来说，依旧需要认真进行项目推荐并寻找一位专业的领投人。而明星创业者或明星创业项目，则不适合该模式。这种模式更适合在专业圈子中有一定影响力的创始人，他可以把信息传播给更多懂行且信任他的投资人，然后通过社交网络来募集资金。

从大家投的案例可以发现，天使式众筹主要靠创始人的"粉丝"进行投资，而不是创投圈的"大 V"。在大家投的 12 位投资人中，只有 5 人有投资经验。就像美国人说的，最早的种子资金应该来自 3F，即 Family（家庭）、Friend（朋友）和 Fool（傻瓜）。

社交媒体的普及使普通人的个人感召力大为提升，信息不再仅限于在朋友之间传播，朋友之外的陌生人也可以轻易看到这些信息，这使得创始人获得更多资源和资金的支持成为可能。

第 4 章

风险投资：企业行为的大额投资

风险投资是指风险投资人或风险投资机构对一些有发展前景、增值潜力较高的高新技术企业进行的融资活动。美国全美风险投资协会给风险投资的定义是"由职业金融家投入新兴的、迅速发展的、具有巨大竞争潜力的企业中的一种权益资本"。

4.1 风险投资的特点

风险投资一般适用于处于飞速发展阶段的企业，具有金额较大、可持续获得发展资金的特点，能帮助企业快速成长。

4.1.1 适用于处于飞速发展阶段的企业

对风险投资人来说，处于飞速发展阶段的企业是他们的目标。一般来说，产品的市场占有率越高，证明企业的发展越好，风险投资人投资的可能性就越大。那么，创始人要从哪些方面来说明其产品的市场占有率呢？

1. 说明自身产品的市场现状

分析产品的市场占有率，一方面要对行业内的市场规模大小、市场稳定程度等大范围的市场特征进行分析和总结，另一方面要对市场上的产品供给、销路、价格等具体的因素进行分析。这样，从两个方面来分析和研究产品的市场现状，能够为风险投资人了解产品的市场占有率提供基础的投资资料。

2. 分析同类竞品市场

市场上的产品都有竞品，对竞品进行分析能够从侧面反映自身产品的市场占有率。所以，创始人在向风险投资人展示自身产品的市场占有率时，加入竞品的市场分析可以为项目融资争取更多机会。

以外卖行业融资为例，据 2019 年外卖市场占有率的数据对比统计，美团呈现遥遥领先的态势，力压同行业其他品牌。美团 CEO 王兴曾透露美团的市场占有率高达 64%，如果将自身产品的市场占有率和竞品的市场占有率进行对比分析，并将分析结果放到风险投资人面前，那么风险投资人很可能会将资金投给美团。

所以，在向风险投资人进行市场占有率分析时，创始人有必要将竞品的市场占有率标注清楚。最好的做法是，将自身产品与竞品进行对比分析，使风险投资人对目标产品在市场中的占有率一目了然。

3. 用数据说话

数据是体现产品市场占有率最直观的方式。在风险投资中，产品的数据越"漂亮"，就越能抓住风险投资人的心。所以，创始人只要做好产品的市场，扩大其市场销路，让自身产品的市场占有率越来越高，就能在一定程度上打动风险投资人。

以互联网产品为例，创始人如果想要说明自身产品的市场占有率，就需要对产品的实际用户数量、月活跃人数、日活跃人数等数据进行分析。另外，创始人还需要将企业近几年的重大项目销售业绩表或中标通知书等拿出来进行佐证，以达到吸引风险投资人的目的。

4.1.2　金额较大、可持续获得发展资金

风险投资起源于美国硅谷，它与传统的金融服务有很大不同。风险投资人的投资决策建立在对创始人的技术和产品认同的基础上，不需要任何财产抵押，直接以资金换取初创企业的股权。

风险投资的特点是高风险、高潜在收益，风险投资人主要通过股份增值获取收益。目前，市场上的风险投资机构有 DCM 资本、中国 IDG 资本、北极光创投、晨兴资本、红杉资本、今日资本、经纬中国、启明创投等。

在现代社会中，依靠风险投资的运作，苹果、雅虎、微软等公司快速成长，改变了世界经济的格局，同时也创造出了一大批世界级富豪。风险投资人投入的资金造就了一个个巨头企业，他们也凭借被投企业的增值获得了百倍甚至千倍的回报。

风险投资的对象大多是处于创业初期或快速成长期的高科技企业，如通信、半导体、生物工程、医药等行业中的企业。风险投资参与的融资轮次一般为A、B、C三轮，如表4-1所示。

表4-1　风险投资参与的融资轮次

	公 司 阶 段	投 资 人	投 资 量 级
A轮融资	产品有了成熟模样，公司开始正常运作并有完整、详细的商业及盈利模式，在行业内拥有一定的地位和口碑。公司当前可能依旧亏损	专业的风险投资机构	1000万～1亿元人民币
B轮融资	在A轮融资的支持下获得了一定的发展，公司已经开始盈利。公司的商业模式没有任何问题，可能需要推出新业务、拓展新领域	大多是上一轮的风险投资机构跟投、新的风险投资机构和私募股权投资机构加入	1亿元人民币以上
C轮融资	公司的商业模式已经比较成熟，离上市不远。公司已经有较大的盈利，但还需要通过融资拓展新业务、补全商业闭环，也有准备上市的意图	主要是私募股权投资机构，有些之前的风险投资机构会选择跟投	1亿美元以上

当下的风险投资人都面临同样的挑战，那就是要给创始人提供更多资金以外的东西。下面总结了出色的风险投资人会为初创企业做的四件事情。

1. 协助创始人解决战略难题

如果每月一次的董事会会议只是简单地过一遍事实和数据，那么这样的董事会会议是没有意义的。出色的风险投资人会提前要求创始人提供企业的经营状况信息，然后利用董事会会议探讨战略性难题。例如，企业应该深入一个垂直领域还是发展多个领域，是否要采取开源策略等。

例如，有一位风险投资人从来不参加被投企业的董事会会议，而只参与战略讨论会议。在战略讨论会议中，他与创始人列出十大战略难题，然后与企业高管和其他风险投资人一起进行讨论。正因如此，这位风险投资人的投资回报率才远远高于其他风险投资人。

2．为初创企业招揽优秀人才

对初创企业来说，团队的成长是最重要的。而风险投资人的人脉资源丰富、对人才的识别能力高，可以向创始人推荐人才。

3．促成交易、合作等

初创企业的资源有限不仅表现在资金方面，还表现在客户资源方面。如果创始人是第一次创业，那么可用的人际关系资源就非常少。让风险投资人帮助企业拓展客户来源是一种比较理想的投资状态，有助于初创企业的长久发展。

风险投资人麦特·奥科（Matt Ocko）经常为自己投资的企业促成交易、合作。比如，他在投资内存数据库公司 MemSQL 后，就将 Zynga 的 CTO（首席技术官）介绍给了 MemSQL 的创始人兼 CEO 埃里克·弗兰基尔（Eric Frenkiel），双方因此建立了商业关系。

4．提供财务及法务指导

创始人有可能因为经验不足"栽倒"在一些琐碎但很重要的事上，包括法律契约、财务审计和专利申请等，风险投资人同样可以在这些方面为创始人提供指导。

4.2　风险投资六要素

风险投资有六个需要注意的要素，分别是风险资本、风险投资人、投资对象、投资期限、投资目的和投资方式。这六个要素串联了风险投资的整个过程，需要创始人逐一把握。

4.2.1　风险资本

风险资本指的是风险投资人为发展潜力巨大的初创企业提供的一种资本。这种资本一般通过购买股权、提供贷款或二者结合的方式进入企业，帮助企业成长、壮大。

例如，谷歌就曾经获得过风险资本，具体情况是怎样的呢？1998 年，拉里·奇（Larry Page）与谢尔盖·布林（Sergey Brin）联合创办了谷歌，专门为用户提供搜索引擎服务。当时，在没有商业计划书的前提下，谢尔盖·布林仅凭个人魅力就从一位斯坦福校友那里拿到了第一笔 10 万美元的风险资本。随后，谷歌很快受到了用户的欢迎，每天的搜索次数超过 1 万次，并因此得到媒体的关注。

拉里•佩奇与谢尔盖•布林在意识到谷歌需要扩张后，便开始寻找新的风险资本。他们首先向红杉资本的合伙人迈克尔•莫里茨（Michael Moritz）表明了立场，希望可以融资 2500 万美元，出让公司 20% 的股份，迈克尔•莫里茨决定接受他们的报价，以获得谷歌 20% 的股份。

与此同时，拉里•佩奇和谢尔盖•布林向另一家投资"大佬"KPCB 公司发出了邀约，KPCB 的合伙人约翰•杜尔（John Doerr）与红杉资本的合伙人迈克尔•莫里茨做出了同样的决定。

两家风险投资机构的风格不同，一家比较激进，一家偏向保守，但他们都想独占谷歌 20% 的股份，因此十分排斥对方。但是，拉里•佩奇和谢尔盖•布林希望让这两家公司平分这部分股份，联合投资谷歌。

在谈判僵持不下的时候，拉里•佩奇和谢尔盖•布林找到另外一家风险投资机构，这家风险投资机构给出谷歌 1.5 亿美元的更高估值。于是，约翰•杜尔与迈克尔•莫里茨选择了妥协，答应了拉里•佩奇和谢尔盖•布林的条件，双方平分 20% 的谷歌股份。风险资本的进入使得谷歌的发展步入一个全新的阶段。

谷歌的案例告诉我们，在筹集风险资本时，创始人应该与多个风险投资机构或风险投资人进行接触和交谈，使其相互竞争，这样创始人就可以拿到最有利的价格和条件。

4.2.2 风险投资人

风险投资人的类别如图 4-1 所示。

图 4-1　风险投资人的类别

1. 风险资本家

这类风险投资人大多是从事风险投资的企业家，他们主要通过投资来获利。但与其他风险投资人不同的是，风险资本家的投资资本属于个人所有，不是受托管理的资本。

2. 风险投资公司

这类公司种类多样，其中以风险投资基金为主。风险投资基金一般以有限合伙制为组织形式。

3. 产业附属投资公司

这类公司大多是一些非金融性的公司的下属独立机构，代表母公司进行投资。这类公司一般将资金定向投到某些行业。与传统风险投资公司类似，产业附属投资公司也要对被投企业进行评估，并进行深入的尽职调查以求得到较高的回报。

4. 天使投资人

这类风险投资人一般倾向于投资初创公司，意在帮助这些公司快速起步。天使投资人通常是指公司的第一批投资人，这个时期公司的产品和业务往往只有一个雏形。

获得风险投资人的青睐是企业融资的重点。为了吸引适合的风险投资人，企业可以从以下几个方面进行突破，如图 4-2 所示。

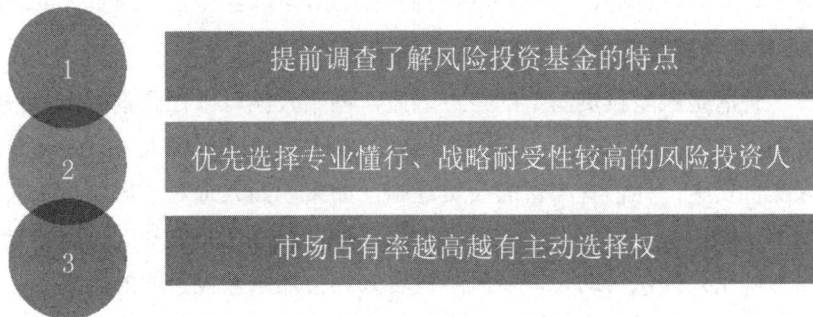

1　提前调查了解风险投资基金的特点

2　优先选择专业懂行、战略耐受性较高的风险投资人

3　市场占有率越高越有主动选择权

图 4-2　如何吸引适合的风险投资人

1. 提前调查了解风险投资基金的特点

提前调查了解风险投资基金的特点包括了解风险投资基金的类别、掌握不同风险投资基金的差异、关注每位风险投资人。

（1）了解风险投资基金的类别

创始人在融资前，首先要对风险投资基金的类别有所了解。在金融市场上，有很多风险投资基金可以为创始人提供帮助，如创业邦、中国天使投资协会等都有大量的风险投资人的数据资料可供创始人查询。

这些基金分属不同的类别，投资风格也各不相同，如有的基金喜欢对赌的方式，而有的基金喜欢在调查详尽后投资。所以，创始人需要事先了解清楚这些基金的类别，在融资的过程中可以根据自己的实际情况选择相匹配的风险投资基金。

（2）掌握不同风险投资基金的差异

在风险投资行业，不同风险投资基金是存在很大差异的。造成这种差异的原因和各基金的资本来源、各基金团队的组成情况及各基金的策略等要素有着密切的联系。在操作层面上，各基金投资的流程都是大同小异的，但其中存在的差异也需要创始人有所了解和掌握。

（3）关注每位风险投资人

在融资的过程中，风险投资基金会对融资企业进行详尽的调查，而每家基金中都会有不同的风险投资人做着不同的工作，这就需要创始人关注每位风险投资人。例如，一家风险投资基金中有一位投资人特别喜欢该项目，另一位投资人却对此不感兴趣，由于不同风险投资人的职位、阅历、关注领域不同，所以面对这种差异，创始人要仔细分析他们的意见，争取获得多数投资人的青睐。

2. 优先选择专业懂行、战略耐受性较高的风险投资人

在了解清楚风险投资基金的特点之后，创始人就可以在此基础上，根据企业资产和资源的需求选择专业懂行的风险投资人。风险投资人不只是简单地为创始人提供资金，他们有丰富的投资经验，如果创始人选对了风险投资人，那么他们不仅能在资金管理上为创始人提供帮助，还能在企业基础设施建设等很多方面为创始人提供帮助。许多风险投资人还会加入被投企业的董事会，如果他们与创始人的发展理念相同，那么他们能够为创始人提供建议、为企业发展指明方向。

对初创企业来说，大型风险投资公司中处理外部信息的部门可以帮助创始人完成新闻发稿等工作；而负责优化投资组合的部门则对行业更加了解，可以帮助创始人优化企业各个部门的组合，使之互相提升。所以说，遇到这种大型风险投资公司，创始人要把握住机会，因为其风险投资人是非常专业的。

另外，战略耐受性也是选择风险投资人的重要因素。通常，在其他条件不变的情况下，如果风险投资人的战略耐受性较强，则可以使被投项目获得更长远的发展。

阿里巴巴在融资时，其风险投资人就展现了较强的战略耐受性，其中以孙正义最为突出。早在 1999 年，孙正义就注意到了中国互联网市场。后来，孙正义来华考察投资项目，便有了与马云见面的机会。

初次见面时，马云在"六分钟"的时间里成功引起了孙正义的兴趣，获得了孙正义及其投资团队的认可。之后，孙正义为阿里巴巴投资了 2000 万美元。随着阿里巴巴的不断发展，很多投资人都对其进行了投资。在这个过程中，有许多投资人见好就收，通过变现的手段退出了阿里巴巴。

孙正义在这盘棋中展现了较强的战略耐受性，虽然中间有过变现，但目前他所代表的软银集团在阿里巴巴中的股份仍占较大比例。

这就是融资中战略耐受性的表现。如果创始人选择具有较强战略耐受性的风险投资人，就可以帮助企业储备现金流，击败竞争对手，获得长远的发展。

3. 市场占有率越高越有主动选择权

对风险投资人来说，创业项目中的产品在市场上的占有率高低是决定能否投资的重要标准。一般来说，产品的市场占有率越高，企业融资成功的可能性就越大。

在创业的过程中，许多高科技企业会过于重视科技的力量，在融资的过程中也会特别强调自身在市场中的技术优势，而较少提到自身产品的市场占有率。殊不知，风险投资人在考察项目时，最为看重的条件之一就是产品的市场占有率。

对于一家企业的发展而言，拥有技术并不意味着拥有专利，更不意味着自身的产品拥有广阔的市场。风险投资人在以技术来判断投资价值时，并不会过多考察其高精尖的程度，而是更加注重其产品市场占有率的持续增长值。如果企业的技术具有难以复制的独特性，能够降低企业的成本、增加企业的盈利，那么这样的产品会受到风险投资人的更多关注。

2018 年 8 月，O2O 在线订餐平台饿了么获得软银集团和阿里巴巴投资的 30 亿美元融资。至此，饿了么累计融资达到 63 亿美元，在行业中处于领先地位。

饿了么就是通过持续的市场占有率增长获得了八轮以上融资的。饿了么历次融资记录如表4-2所示。

表4-2 饿了么历次融资记录

时 间	投 资 人
2011 年 3 月	获得金沙江创投 100 万美元 A 轮融资
2013 年 1 月	获得经纬中国、金沙江创投 350 万美元 B 轮融资
2013 年 11 月	获得红杉资本、经纬中国、金沙江创投 2500 万美元 C 轮融资
2014 年 5 月	获得大众点评、红杉资本、经纬中国 8000 万美元 D 轮融资
2015 年 1 月	获得中信产业基金、腾讯、京东、红杉资本、大众点评 3.5 亿美元 E 轮融资
2015 年 8 月	获得 6.3 亿美元 F 轮融资，由中信产业基金、华联股份领投，华人文化产业基金、歌斐资产、腾讯、京东、红杉资本等跟投
2015 年 11 月	获得滴滴出行战略投资，金额未披露
2016 年 4 月	获得阿里巴巴与蚂蚁金服 12.5 亿美元的 F 轮融资
2017 年 6 月	获得 10 亿美元战略投资，由阿里巴巴领投
2018 年 4 月	阿里巴巴联合蚂蚁金服以 95 亿美元全资收购饿了么，成为中国互联网迄今为止现金收购最大的一笔交易
2018 年 8 月	获得软银集团和阿里巴巴 30 亿美元融资，累计融资达到 63 亿美元

饿了么创始人张旭豪总结了自己的融资经验，他说："如果一个新产品能够被市场认可并且可以复制、可以快速成长，风险投资很快就会进来。2012 年，饿了么模式获得成功，虽然我们没有写过任何商业计划书，但是风险投资人还是找到我们了。他们的工作就是找项目，但是好项目不多，只要把你的项目做好，在一个区域内有很好的数据支撑，我觉得很多风险投资人就会主动来找你……融资的关键在于你的项目要有所成长，资本只是锦上添花，很难雪中送炭。你的项目发展得不够好，最终会被抛弃；你的项目永远有增长空间，它就是受人追捧的项目。"

所以，创始人一定要明白，在风险投资人考察企业时，市场通常比技术更重要。只有当企业的市场拥有巨大的发展空间，并且其所掌握的技术可以支持大的市场目标时，企业才能够真正具有发展的潜力，这样的企业才是风险投资人所青睐的。

4.2.3 投资对象

如果你的企业处于快速成长期，并且是高科技企业，那么风险投资就是最适合你的企业发展的融资方式。风险投资是中小型高科技企业的首选融资方式，在选择投资对象时，风险投资体现出来的特点如图 4-3 所示。

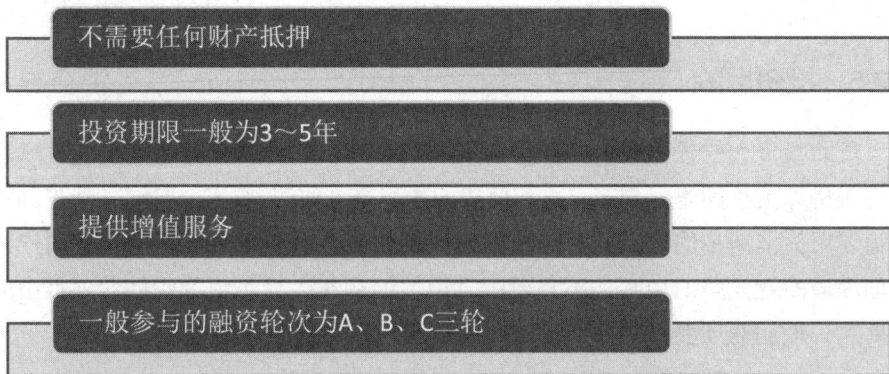

不需要任何财产抵押

投资期限一般为3～5年

提供增值服务

一般参与的融资轮次为A、B、C三轮

图 4-3 风险投资在选择投资对象时体现出来的特点

1．不需要任何财产抵押

刚起步的中小型高科技企业的规模还比较小，没有固定资产和资金作为抵押担保，而风险投资是不需要任何财产抵押的，直接以资金换取初创企业的股权。因此，风险投资的投资特点与中小型高科技企业的融资需求的匹配度非常高。

2．投资期限一般为 3～5 年

风险资本从投入被投企业到撤出被投企业所间隔的时间就是风险投资的投资期限。风险投资的投资期限一般为 3～5 年，投资方式一般为股权投资，占被投企业 30%左右的股权，不需要任何担保或抵押。

3．提供增值服务

一名适合的风险投资人不仅能给企业提供资金支持，还能在资源上为企业提供帮助。这样，无论是项目的后期发展，还是后续融资，适合的风险投资人都会不遗余力地给企业出谋划策，并且为企业提供很多资金以外的东西。

4．一般参与的融资轮次为 A、B、C 三轮

风险投资参与的融资轮次在 4.1.2 节中已进行介绍，如表 4-1 所示。

4.2.4 投资期限

风险投资人为企业注入资金帮助其成长，但他们的最终目的是将资金撤出以实现增值。作为一种股权投资，风险投资的投资期限较长，一般为3~5年，而针对创业期的企业的投资期限一般为7~10年，后续投资通常会比这个期限要短。

4.2.5 投资目的

风险投资人的投资目的是获得财富增值，所以创业项目的盈利模式是风险投资人格外关注的重点内容。盈利模式的本质是"利润=收入-成本"，且盈利模式需要用简洁清晰的逻辑表达出来，即"如何赚钱"。风险投资人不是普通用户，他们深谙商业竞争的规则，不需要听常识性的解释，只希望看到创业项目中的创新点。使创业项目盈利模式清晰化的三种方法如图4-4所示。

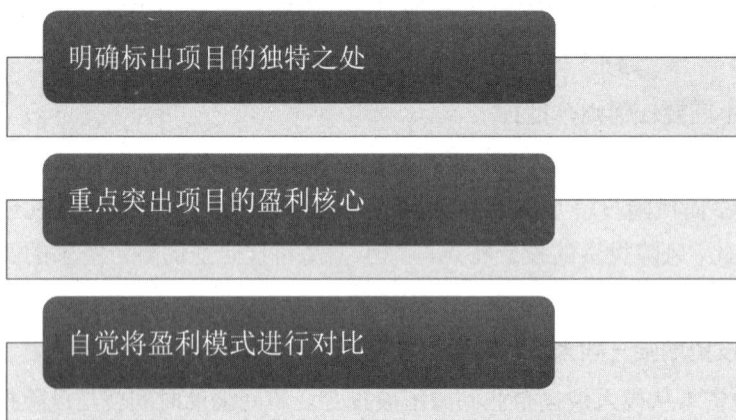

明确标出项目的独特之处

重点突出项目的盈利核心

自觉将盈利模式进行对比

图4-4　使创业项目盈利模式清晰化的三种方法

1. 明确标出项目的独特之处

风险投资人最希望看到创业项目的独特之处，如产品的思想或服务等要素。这些独特的要素一方面能使产品为客户提供额外的价值，另一方面还能获得更多的客户。

例如，美国连锁超市沃尔玛，就是以低价格、多品种为主要盈利模式，专门为人们提供低价位、高品质的产品和服务。这种盈利模式在世界范围内拥有较强的竞争力，所以沃尔玛才能不断地发展壮大。

如果创业项目中具有其他项目不具备的特色，那就能使风险投资人预测出该项目良好的发展前景，并从其盈利模式中看出较高的投资回报率，这样就可以提高风险投资人投资的概率。

2. 重点突出项目的盈利核心

每家企业在其成长的过程中，都会有自身独特的盈利模式，创始人通过向风险投资人展示创业项目的盈利模式来获得投资。在这个过程中，为了将盈利模式更加清晰地展示给风险投资人，创始人需要重点突出项目的盈利核心。

这些盈利核心包括很多方面，如企业在经营中所依赖的过硬的科技创新能力、产品的不可替代性、低成本下的高质量产品、对客户的真诚服务等。创始人将这些核心要素向风险投资人一一说明，可使自己的融资项目展示出清晰的盈利模式，从而获得风险投资人的青睐。

3. 自觉将盈利模式进行对比

创始人如果能够通过总结自身的盈利实践经验，将自己项目的盈利模式和其他项目的盈利模式进行对比分析，说明自己项目的盈利模式的优势，就能让风险投资人对融资项目的盈利模式有更深入的了解，从而可进一步获得风险投资人的好感，增加融资成功的可能性。

比特币支付平台 BitPay 相当于线上支付龙头 PayPal 的比特币版本，它主要向商家提供各种支付的后端技术支持及前端购买按钮的嵌入服务。在交易的过程中，BitPay 接受用户的比特币，然后将比特币换算成真实的资金，转到商家的账户里。由于 BitPay 大大降低了交易成本、缩短了交易时间，因此受到很多商家和用户的青睐。尤其在跨境交易方面，商家接受汇款的流程非常麻烦，且手续费高昂，BitPay 完美解决了这个问题。

截至 2018 年，BitPay 已经完成 270 万美元的种子轮融资、3000 万美元的 A 轮融资和 4000 万美元的 B 轮融资。BitPay 的种子轮融资由李嘉诚旗下的维港投资和其他投资人共同注资；A 轮融资由英国维珍航空创始人理查德·布兰森（Richard Branson）及雅虎创始人杨致远领头的财团共同注资；B 轮融资由风险投资公司 Menlo Ventures 和 Aquiline Technology Growth 共同注资。

其实，早在投资之前，理查德·布兰森就已经和 BitPay 签订了合约。理查德·布兰森表示，他之所以选择投资 BitPay，是因为他坚信银行正面临重大的改革和创新，而维珍航空已率先进入"替代支付"（非现金支付）的模式。

在投资 BitPay 之后，维珍集团旗下的维珍银河公司率先使用了比特币支付的方式，用户可以用比特币购买机票。此外，维珍银河公司还推出了预付 25 万个比特币获得太空旅行套餐的优惠活动。

理查德·布兰森还说："在振奋人心的货币革命中，比特币作为一种服务方式，将会持续建立消费者对数字货币的信心，推动数字货币的发展，而 BitPay 或许就是下一个'独角兽'。"

BitPay 之所以能够拿到巨额融资，与其盈利模式有直接关系。如果风险投资人能够在融资项目的盈利模式上看到非常高的预期回报，那么他们一定会毫不吝啬地投钱。

4.2.6 投资方式

从风险投资"高风险、高收益"的性质来看，风险投资有三种投资方式。第一种是直接为被投企业注入资金；第二种是为被投企业提供贷款或贷款担保；第三种是为被投企业提供贷款的同时购买被投企业的股权。

不管哪种投资方式，风险投资人都会为被投企业提供一系列增值服务，如管理技术、融资渠道等，帮助企业快速成长。

第 5 章

私募股权：偏向于投资成熟期企业的 Pre-IPO 业务

私募股权源于美国，私人银行家通过律师、会计师的安排，投资风险较大的石油、铁路等新兴产业，这类投资完全基于个人决策，没有专门的机构参与，这就是私募股权的雏形。目前的私募投资是指企业通过私下与特定投资人或债务人商谈来筹集资金的一种融资方式，包括私募股权投资和私募债务投资两种方式。私募股权投资的融资方式是出售股权，私募债务投资的融资方式是发行债券。

5.1 私募股权的分类

私募股权分为四大类，分别是证券投资私募基金、专业私募基金、风险私募基金和阳光私募基金。不同的私募基金有不同的投资模式，对企业融资资格的要求也不同，创始人要注意选择正规的私募基金。

5.1.1 证券投资私募基金

中信证券、中金公司等是首批获得券商直投资格的企业，这些企业以设立全资子公司的模式来开展直投业务。

按照中国证监会的要求，当前券商直投只能用自有资金开展，投资对象为具有发展潜力的未上市企业，且投资期限不能超过三年。还有一些券商通过"曲线"直投参与私募股权投资，主要有三种方式，如图 5-1 所示。

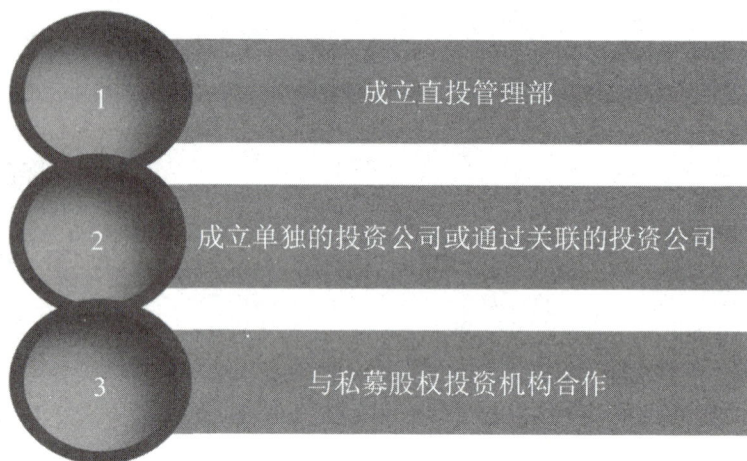

图 5-1　通过"曲线"直投参与私募股权投资的三种方式

　　券商可以在内部成立直投管理部，以专项理财计划的形式募集资金；券商还可以成立单独的投资公司（投资基金管理公司）进行投资，或通过关联的投资公司（投资基金管理公司）进行直投；券商还可以与私募股权投资机构合作，以基金管理者或投资顾问的身份参与投资。

5.1.2　专业私募基金

　　目前，专业私募基金是比较专业的私募股权投资机构，也是对创始人来说比较理想的私募股权投资人。专业私募基金的类别如图 5-2 所示。

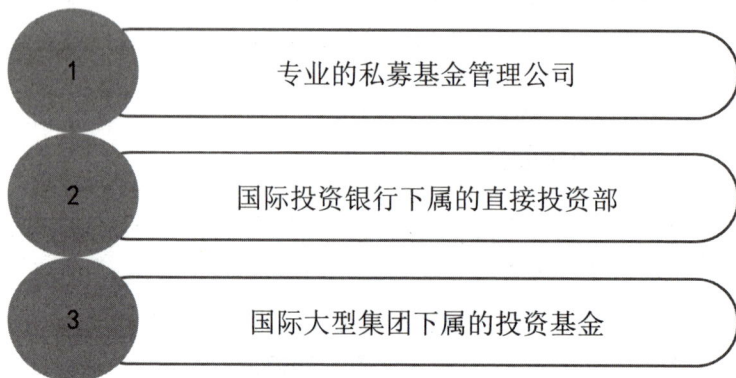

图 5-2　专业私募基金的类别

第一类是专业的私募基金管理公司，如鼎晖投资、新天域资本、弘毅投资、软银赛富等；第二类是国际投资银行下属的直接投资部，如高盛直接投资部等；第三类是国际大型集团下属的投资基金，如英特尔旗下的"中国技术基金"、IBM旗下的"中国投资基金"等。

国外私募股权投资机构的特点非常明显。第一，投资取向非常明确，对所投的行业、投资阶段、投资规模等都有明确界定；第二，资金从投入、增值到撤出有完整计划，并且有相当丰富的经验和资源；第三，追求第一，奉行利益至上原则，如摩根士丹利将南孚电池卖给竞争对手吉利。

5.1.3　风险私募基金

大型企业或上市公司通过设立下属创投公司从事风险私募业务的目的有三个，如图 5-3 所示。

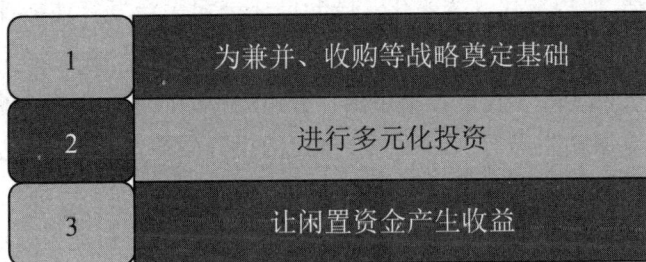

图 5-3　大型企业或上市公司从事风险私募业务的目的

一般来说，风险私募基金有三个典型特点。第一，大型企业或上市公司所进行的风险私募业务必须符合风险私募基金的战略发展方向，因此投资的范围狭小；第二，风险私募基金的资金仅限于部分闲置资金，在每年所分配的投资额度用完之后，便需要停止投资；第三，风险私募基金很难形成通畅的退出渠道，因此该融资方式有较高的风险。

对创始人来说，开展风险私募业务并不是一个理想的选择，因为风险私募基金为所投企业提供的增值服务非常有限。

5.1.4　阳光私募基金

近年来，私募基金发展迅猛，目前资产规模已超过了 13 万亿元。然而实际上，私募基金在普通人眼中却并没有那么"阳光"，行业的特殊性为私募基金领域增添了一抹神秘的色彩。

阳光私募与"灰色私募"相对。由于国内的私募基金起步较晚，早期发展迅速但相关的配套政策并不完善，存在很多运作不规范的地方，因此又被称为"灰色私募"。

随着私募基金的规模逐渐扩大，中国证监会出台了相关的法律法规，于是2004年诞生了国内第一只阳光私募基金——"深国投·赤子之心（中国）集合资金信托计划"，阳光私募基金至此才开始被人们所了解。

阳光私募基金由专业的阳光私募公司发起，借助信托平台，将资金交由第三方银行托管，将证券交由证券公司托管，在中国银行业监督管理委员会（以下简称中国银监会）的监管下，主要投资股票市场的高端理财产品。阳光私募基金向特定客户募集资金，业绩优于公募基金。与"灰色私募"相比，阳光私募基金更加规范化、透明化，借助信托公司平台发行还能保证认购者的资金安全。

目前，阳光私募基金可以投资中国证券市场中的股票、债券、央行票据、短期融资券、金融衍生品等中国证监会规定的投资品种。阳光私募基金在实际运作中的投资目标主要为股票、期货和债券。

在阳光私募基金的运作过程中，一般有四方参与，分别是私募基金公司、银行、证券公司和证券投资基金业协会。

其中，私募基金公司负责证券市场投资，其基金经理大多经验丰富，对市场有着较为深入的研究，能灵活运用投资策略；银行作为资金托管人，负责清算和监管资金的安全，承担监管职责；证券公司起到交易通道的作用，基金经理操作资金必须通过券商来进行；证券投资基金业协会主要负责监管阳光私募基金，根据相关法律法规和中国证监会的授权开展工作。阳光私募基金在成立后，需要到证券投资基金业协会登记。

5.2 私募股权投资流程的三个阶段

私募股权投资从获得项目信息到退出，需要经历三个阶段。在这个流程中，创始人要尽力和项目小组配合，并在投资前针对相关问题制定章程，以免发生纠纷。

5.2.1　阶段一：从获得项目信息到签署购买协议

私募股权投资机构在获得项目信息后先进行项目筛选，将不合要求的项目排除在外，剩下一些相对具有吸引力的项目。随后，私募股权投资机构的分析人员会对这些项目进行逐一考察，如果其行业特征、市场定位、估价、管理层目标等条件都符合私募股权投资的标准，分析人员就会为其准备一份投资备忘录。

之后，分析人员将投资备忘录提交给投资委员会审查，如果确定其具有投资价值，投资委员会就会批准私募股权投资机构成立项目小组对目标公司进行尽职调查。尽职调查需要得到目标公司管理层的配合，调查结束后，第三方调查机构要出具尽职调查报告。

项目小组、第三方调查机构、目标公司管理层要对尽职调查报告中存在的问题进行讨论，解决所有疑点。在将尽职调查报告提交给投资委员会后，项目小组将与投资委员会就其中披露的问题商讨出最佳解决方案。如果投资委员会认为该项目仍具备投资价值，项目小组就可以开始与目标公司进行谈判了。

项目小组根据律师等专家的建议设计交易结构，并与目标公司管理层进行沟通，沟通内容包括条款清单细节等，直至双方达成一致意见。最后，项目小组准备好各种法律文件，与目标公司签署购买协议。

5.2.2　阶段二：从签署购买协议到交易结束

从签约到交割，这一期间项目小组要派代表进驻目标公司，监督目标公司的日常运作，确保目标公司管理层没有进行重大资产处置、对外担保、抵押等活动。然后，项目小组需要在律师的帮助下完成离岸控股公司的设立。另外，项目小组还需要与目标公司的其他股东制定章程，指定目标公司的董事会成员及法人代表，并完成其他相关法律事宜。

项目小组要尽快进行补充尽职调查，即在之前全面尽职调查的基础上，再对过渡期内的公司财务状况进行调查，确保目标公司的资产负债状况未发生实质性变动。最后，支付投资款完成交割。

5.2.3　阶段三：从交易结束到退出

在交易结束后，私募股权投资机构获得了目标公司的控股权及董事会的主要席位。此后，私募股权投资机构要通过多种手段提升目标公司的业绩和市场地位，以及考虑在适当的时候退出以实现投资回报最大化。

在这个阶段，私募股权投资机构需要建立项目协调小组，负责之后整体工作的计划与实施；还需要任命优秀的 CEO 和 CFO（首席财务官）进驻目标公司，与原管理层共同负责目标公司的日常管理事务，保证公司平稳运营。私募股权投资机构还要帮助目标公司制定并完善新的发展战略及整合行业内的资源，包括寻找合适的收购目标、引进人才、加强与客户的联系等。为了扩大目标公司的规模，私募股权投资机构还要帮助目标公司开辟海外渠道，入驻海外市场。最后，根据市场状况，私募股权投资机构要及时设计并实施退出方案，以实现投资回报最大化。

第 6 章

首次公开募股：便于筹集资金、流通变现

首次公开募股是指企业将全部资本等额划分为股票形式，经中国证监会批准后上市发行，在股票市场流通，投资人可以直接购买。通常，上市公司的股份是根据中国证监会出具的招股书中约定的条款通过经纪商进行销售的。

一般来说，一旦公开上市完成后，企业就可以申请到证券交易所挂牌交易。其中，有限责任公司在申请之前，要先变更为股份有限公司。企业通过首次公开募股可以在短时间内筹集到巨额资金。

6.1 首次公开募股的特点

首次公开募股可以让企业在发行股票的同时进行融资，是企业上市的标志，也是企业全新的开始。首次公开募股具有金额大、风险高的特点，企业可以通过上市获得巨额资金，但同时也会面临更高的风险，如果经营不善，则会有退市的可能。

6.1.1 在发行股票的同时进行融资

根据上海证券交易所公告，福建天马科技集团股份有限公司（以下简称天马科技）于 2017 年 1 月 17 日登陆上海证券交易所主板，股票代码为"603668"。天马科技此次公开发行的股票不超过 5300 万股，发行价格为每股 6.21 元。首次公开募股行为意味着天马科技成功在上海证券交易所主板挂牌上市。

首次公开募股并上市是一个系统的大工程，不仅可以帮助企业融资，还是企业发展到一定规模后再上一个台阶的机会。整个过程涉及企业管理、财务核

算、风控管理、组织结构和股权架构管理等各个方面，创始人需要对此有充分的认识，为企业首次公开募股的成功奠定基础。

首次公开募股有很多的优势，如可以在发行股票的同时进行融资，两项工作一起进行，有利于提高企业的工作效率，从而向投资人展示一个有组织、有纪律的企业。此外，首次公开募股还可以宣传和推广企业的形象，帮助企业节省大量的时间和精力。

首次公开募股也有一定的弊端，如申请程序复杂，周期长；费用比较高，且无法保证发行成功，很容易受到市场波动的影响。因此，在首次公开募股之前，创始人应进行全面的考虑，做好充足的准备。

6.1.2　金额大、风险高

首次公开募股具有金额大、风险高的特点。

以阿里巴巴为例。北京时间 2014 年 9 月 19 日晚 9 点 30 分左右，阿里巴巴在美国纽约证券交易所成功上市。根据阿里巴巴的上市发行价格，其首次公开募股融资额达到 250 亿美元，当时的市值更是达到 1680 亿美元。目前，随着规模的扩大，阿里巴巴的市值又有了很大增长。

随着阿里巴巴的股价持续上涨，其创始人马云的资产也不断增值。自 2012 年 4 月 5 日以来，李嘉诚一直是亚洲首富。但由于阿里巴巴的上市，亚洲首富的位置开始在李嘉诚、马云、万达集团董事长王健林之间不断变换。直到 2016 年 4 月 27 日，马云的财富一夜之间增长了 43 亿美元，达到 333 亿美元，超越了王健林的 327 亿美元和李嘉诚的 295 亿美元，马云再次成为亚洲首富。

马云之所以一夜之间增长了 43 亿美元的财富，是因为蚂蚁金服于 2016 年 4 月 26 日宣布完成 45 亿美元的 B 轮融资，其市场估值达 600 亿美元，马云持有的蚂蚁金服 37.9% 的股份获得增值。

阿里巴巴首次公开募股助马云成为亚洲首富，随之而来的是一场史无前例的资本"盛宴"。那么，阿里巴巴到底造就了多少富豪呢？

首先，是马云和他的第一副手、阿里巴巴副董事长蔡崇信。马云自然不必多说，蔡崇信是阿里巴巴上市造就的第二个富豪。他持有阿里巴巴 3.6% 的股份，阿里巴巴上市使得蔡崇信的财富大幅增长。

其次，"阿里合伙人"也是最大的个人受益者。在这些合伙人中，有的来自阿里巴巴，有的来自阿里巴巴的关联公司或相关公司。这些合伙人持有阿里巴巴的股份已经超过 10%，价值近 350 亿美元。

最后，阿里巴巴的员工们也因此受益。阿里巴巴上市时，有 1 万多名员工拥有阿里巴巴的股份，价值约为 200 亿美元。计算下来，这 1 万多名员工的平均财富约为 182 万美元。

在此之前，百度的上市造就了 8 位亿万富翁、50 位千万富翁、240 位百万富翁，而阿里巴巴的上市打破了这一记录。此外，阿里巴巴的上市还造就了日本新首富——软银集团的创始人孙正义。软银集团是阿里巴巴的第一大股东，当初投资的 8000 万美元截至阿里巴巴上市时已达到 1000 亿美元。另外，软银的股价也因为阿里巴巴上市的消息而大幅上涨。作为软银集团的掌门人，孙正义超越迅销集团董事长柳井正，坐上了日本首富的宝座。

首次公开募股代表着上市，是一个开始，不是结束。上市之后，企业需要根据中国证监会对上市公司的要求定期披露信息，履行相关义务。除此之外，上市公司应当致力于发展业务、扩大市场。上市公司如果经营不善，将会面临退市的风险。

因此，无论企业有没有完成首次公开募股，创始人都应当明白，融资不是目的，盈利才是根本目的。

6.2　首次公开募股上市的过程

上市并不是一蹴而就的，而是需要一个漫长的过程。首先企业要先达到上市的要求，然后准备好申报材料向中国证监会提出申请，经过重重审核，才可以上市发行股票。企业上市具体要经过上市前的准备、上市申报、发行股票三个阶段。

6.2.1　上市前的准备

企业上市是一项繁杂的系统工程，包含很多环节。对创业企业来说，要想达到上市要求，需要 1～3 年的时间。国内主板/中小板和创业板上市条件一览表，如表 6-1 和表 6-2 所示。

表 6-1　国内主板/中小板上市条件一览表

主体资格	依法设立且合法存续的股份有限公司； 自股份有限公司成立后，持续经营时间在 3 年以上，经国务院批准的除外； 最近 3 年内主营业务和董事、高级管理人员没有发生重大变化，实际控制人没有发生变更
独立性	具有完整的业务体系和直接面向市场独立经营的能力； 五独立：资产完整、人员独立、财务独立、机构独立、业务独立； 发行人的业务独立于控股股东、实际控制人及其控制的其他企业，与控股股东、实际控制人及其控制的其他企业间不得有同业竞争或显失公平的关联交易
规范运作	依法建立健全股东大会、董事会、监事会、独立董事、董事会秘书制度； 内部控制制度健全且被有效执行； 发行人最近 3 年内无重大违法、违规行为，或严重损害投资人合法权益和社会公共利益的其他情形； 公司章程明确对外担保的审批权限和审议程序，不存在为控股股东、实际控制人及其控制的其他企业进行违规担保的情形； 有严格的资金管理制度，不得有资金被控股股东、实际控制人及其控制的其他企业以借款、代偿债务、代垫款项或其他方式占用的情形
财务与会计	最近 3 个会计年度净利润均为正数且净利润累计多于 3000 万元，净利润以扣除非经常性损益前后较低者为计算依据； 最近 3 个会计年度经营活动产生的现金流量净额累计多于 5000 万元，或最近 3 个会计年度营业收入累计多于 3 亿元； 发行前股本总额不少于 3000 万元； 最近一期期末无形资产占净资产的比例不高于 20%，且不存在未弥补亏损； 会计基础工作规范，财务会计报告无虚假记录； 不存在影响发行人持续盈利能力的情形
募集资金运用	募集资金应当有明确的使用方向，原则上应当用于主营业务； 募集资金数额或投资项目应与发行人现有的生产经营规模、财务状况、技术水平和管理能力等相适应； 募集资金的投资项目应当符合国家产业政策、投资管理、环境保护、土地管理及其他法律、法规和规章的规定； 募集资金的投资项目实施后，不会产生同业竞争或对发行人的独立性产生不利影响； 发行人应当建立募集资金专项存储制度，将募集资金存放于董事会决定的专项账户中
股本及公开发行比例	发行后总股本少于 4 亿股，公开发行比例应不低于 25%； 发行后总股本多于 4 亿股，公开发行比例应不低于 10%； 注：如公司存在 H 股流通股，则公开发行比例以 H 股、A 股流通股合计值为计算依据
股东承诺	控股股东和实际控制人应当承诺：自发行人股票上市之日起 36 个月内，不转让或委托他人管理其直接或间接持有的发行人公开发行前已发行的股份，也不由发行人回购其直接或间接持有的发行人公开发行前已发行的股份

表 6-2 创业板上市条件一览表

主体资格	依法设立且持续经营 3 年以上的股份有限公司； 有限责任公司按原账面净资产值折股整体变更为股份有限公司的，持续经营时间可以从有限责任公司成立之日起计算； 应当主要经营一种业务，生产经营活动符合法律、行政法规和公司章程的规定，符合产业政策及环保政策； 最近 2 年内主营业务和董事、高级管理人员没有发生重大变化，实际控制人没有发生变更
规范运作	股权清晰，控股股东和受控股股东、实际控制人支配的股东所持发行人的股份不存在重大权属纠纷； 依法建立健全股东大会、董事会、监事会、独立董事、董事会秘书制度、审计委员会制度、股东投票计票制度； 内部控制制度健全且被有效执行； 发行人及其控股股东、实际控制人最近 3 年内无重大违法、违规行为，或严重损害投资人合法权益和社会公共利益的其他情形
财务与会计	最近 2 年连续盈利，且净利润累计不少于 1000 万元；或者最近 1 年盈利，且营业收入不少于 5000 万元，净利润以扣除非经常性损益前后较低者为计算依据； 发行后股本总额不少于 3000 万元； 最近一期末净资产不少于 2000 万元，且不存在未弥补亏损； 会计基础工作规范，财务会计报告无虚假记录
信息披露	分析并完整披露对其持续盈利能力产生重大不利影响的所有因素； 披露已达到发行监管对公司独立性的基本要求； 凡是对投资人的投资决策有重大影响的信息，均应当予以披露

为了达到上市条件，企业需要在上市前进行一系列准备，包括选择中介机构、进行上市规划、改制重组、接受上市辅导。

第一，选择中介机构。企业在确定了上市方针后，就需要委托合适的上市保荐人、律师事务所、会计师事务所、资产评估事务所等中介机构共同完成上市前的准备工作。

选择上市保荐人的标准有四个：一看保荐人是否有从事证券业务的资格；二看保荐人是否与其他知名中介机构有良好的合作记录；三看保荐人是否拥有自己的发行渠道和分销网络；四看保荐人收取的费用是否合理。

选择其他中介机构的标准有五个：一看中介机构的社会信誉是否良好；二看中介机构的从业人员是否拥有丰富的工作经验、是否熟悉上市业务的相关规定；三看中介机构的规模是否足够大、是否正规；四看中介机构是否熟悉拟上市公司所属的行业业务；五看中介机构的成功案例及成功率。

第二，进行上市规划。各中介机构到位后，应当对拟上市企业进行详细的尽职调查。尽职调查的内容主要包括企业成立、组织和人事等基本信息；企业的业务和产品状况；企业经营现状及可持续发展状况；企业的财务状况；企业的资产状况；企业的重要合同、知识产权、诉讼状况；企业的纳税、社保、环保、安全状况等。

完成尽职调查后，企业上市工作小组应和各中介机构根据尽职调查的结果进行上市规划。上市规划的内容主要包括对企业的现状进行分析、制定企业改制重组的目标、讨论企业上市操作的相关事宜等。

第三，改制重组。由于多种原因，企业上市前多数以有限责任公司的形式存在，所以需要进行股份制改造。具体改制的步骤包括增资扩股、进行评估和审计、召开董事会和股东会审议改制事宜、名称预先核准、申请变更、设立股份有限公司等。

第四，接受上市辅导。依据中国证监会的有关规定，拟上市企业在向中国证监会提出上市申请前，均由具有主承销资格的证券公司进行辅导，辅导期最低为三个月。一般情况下，由保荐人担当拟上市企业的辅导机构。

顺利通过辅导期后，企业才具备上市申报的资格。

6.2.2 上市申报

依据中国证监会发布的《公开发行证券的公司信息披露内容与格式准则第29号——首次公开发行股票并在创业板上市申请文件》，申请创业板上市需要提交的文件包括招股说明书与发行公告、发行人关于本次发行的申请及授权文件、保荐人和证券服务机构文件、发行人的设立文件、与财务会计资料相关的其他文件等。

按照中国证监会发行监管部的要求，首次公开发行股票（以下简称首发）的审核工作流程分为十大部分，如表6-3所示。

表6-3　首次公开发行股票的审核工作流程

流　程	内　容
受理	中国证监会受理部门工作人员依法受理首发申请文件，并按程序转发行监管部。发行监管部综合处收到申请文件后将其分发审核一处、审核二处，同时送中华人民共和国国家发展和改革委员会（以下简称国家发展改革委）征求意见
见面会	见面会旨在建立发行人与发行监管部的初步沟通机制。会上由发行人简要介绍企业的基本情况，发行监管部部门负责人介绍发行审核的程序、标准、理念及纪律要求等
问核	问核机制旨在督促、提醒保荐机构及其保荐代表人做好尽职调查工作，安排在反馈会前后进行，参加人员包括问核项目的审核一处和审核二处的审核人员、两名签字保荐代表人和保荐机构的相关负责人
反馈会	审核一处、审核二处的审核人员审阅了发行人的申请文件后，撰写审核报告并提交反馈会讨论。反馈会主要讨论初步审核中关注的主要问题，确定需要发行人补充披露、解释说明及中介机构进一步核查落实的问题
预先披露	反馈意见落实完毕、国家发展改革委等相关政府部门的意见齐备、财务资料未过有效期的将安排预先披露。发行监管部收到相关材料后安排预先披露，并按受理顺序安排初审会
初审会	初审会由审核人员汇报发行人的基本情况、初步审核中发现的主要问题及其落实情况。根据初审会的讨论情况，审核人员修改、完善初审报告
发审会	发审委制度是发行审核中的专家决策机制。目前，发审委委员共25人，分3个组。发审会以投票方式对首发申请进行表决，提出审核意见
封卷	发行人的首发申请通过发审会审核后，需要进行封卷工作，即将申请文件原件重新归类后存档备查。封卷工作在落实发审委意见后进行
会后事项	会后事项是指发行人首发申请通过发审会审核后、招股说明书刊登前，发生的可能影响本次发行及对投资人的投资决策有重大影响的应予披露的事项
核准发行	封卷并履行内部程序后，将进行核准批文的下发工作

如果中国证监会最终做出核准决定，就意味着企业获得了上市资格。反之，申请上市失败，中国证监会将出具书面意见并说明不予核准的理由。上市申请不予核准的企业可以在接到中国证监会书面决定之日起两个月内提出复议申请。中国证监会收到复议申请后两个月内重新做出决定。

6.2.3　发行股票

收到中国证监会核准上市的批文后，企业就可以刊登招股说明书和上市公告书，在证券交易所的安排下挂牌然后上市交易。上市发行股票流程如表 6-4所示。

表 6-4 上市发行股票流程

时 间	项 目
T-7 日	领取核准批文
T-6 日	披露招股说明书
T-5 日至 T-3 日	线下初步询价
T-1 日	披露发行公告
T 日	线上线下定价发行
T+3 日至 T+5 日	募集资金到账、办理股份登记、申请上市
T 日至 T+5 日	上市委员会审核
L-1 天	刊登上市公告书
L 日	股票上市

注：T 日为发行日，L 日为股票上市日。

一般情况下，L 日介于 T+6 日和 T+10 日之间。发行、上市工作应在 3～4 周内完成，但发行人可根据需要适当延长线下初步询价时间，但应于 T-3 日截止。

2016 年 12 月 24 日前后，墨迹天气向中国证监会提交了创业板招股说明书。招股说明书显示，墨迹天气拟公开发售不超过 1000 万股股票，不低于本次发行后总股本的 25%，发行后总股本不超过 4000 万股。

该招股书显示，墨迹天气创始人兼 CEO 金犁为公司控股股东，持有公司约 34.63%的股份，通过员工持股平台间接控制公司约 2.57%的股份，合计控制公司 37.2%的股份。险峰系（险峰创投、西藏险峰、险峰深圳）、阿里创投、创新系（北京创新、工场基金）、上海盛资为持股 5%以上的股东。

在中国证监会于 2016 年 12 月 23 日公开披露的 8 家创业板公司中，墨迹天气是唯一一家移动互联网公司。

第 7 章

银行贷款：方便灵活、风险较低的融资方式

银行贷款是银行根据国家政策按一定利率将资金放贷给资金需要者，并约定还款期限的一种经济行为。银行贷款一般需要提供担保或个人征信良好才能申请。不同的国家其贷款类型也是不同的，如美国的工商贷款主要有普通贷款限额、项目贷款等类型，而英国的工商贷款主要采用票据贴现、透支账户等形式。

作为金融机构，银行发放贷款首先考虑的就是资金安全问题，所以其贷款的门槛会比较高。尽管如此，银行贷款依然是创始人比较稳健的融资选择。

7.1 银行贷款的特点

为了降低风险，银行常会要求借款人提供抵押物，一般是不动产，这对于一些中小微企业很不利。银行贷款分为四种类型，分别是抵押贷款、信用贷款、担保贷款、贴现贷款，不同的贷款方式需要借款人向银行提供不同的凭证。

7.1.1 需要提供抵押物

2019 年 2 月初，上海市某小型企业因融资困难，企业领导王先生到当地某银行办理贷款融资业务。进入银行后，银行经理热情接待了王先生，但在了解清楚其所办理的业务和企业自身的情况后，银行经理对王先生说了抱歉。

原来，王先生的企业正处于成长发展阶段，没有过多的资产可作为贷款抵押。根据相关的评估计算，王先生的企业实力并不强，其在行业中的竞争力不

大。如果对其放贷，那么银行将承担很大的贷款风险。

另外，在审核王先生所带来的贷款申请材料时，银行经理发现他出示的财务报表并不齐全，相关的申请材料也有一些问题。

综合以上情况，银行经理总结该企业的实力不足、放贷的风险较高，因此拒绝了王先生的贷款请求。

从上面的案例可以看出，银行在对企业进行放贷时，会对其经营、实力等情况进行全面了解。有些企业的贷款申请之所以会被拒绝，是因为其自身存在一定的问题。

如果创始人能够提供银行规定的相关资料及合适的抵押物，拿到贷款的概率就会相对高一点。但关键是，大多数创始人没有贵重的抵押物，所以只能找专业的担保公司。担保公司一般会收取巨额的担保费用，这无疑又增加了创始人的负担。

并非所有的创始人都适合向银行申请贷款解决资金难题，尤其是刚刚开始创业、没有创业经验的创始人。创始人想要贷款创业，需要考虑四个方面的问题：第一，企业的盈利能否支撑银行贷款利息支出及其他费用支出；第二，企业的经营资金回笼周期是否与银行的贷款期限相匹配，能否在不影响正常经营的前提下偿还银行贷款；第三，要确定一个合适的贷款金额，过多或过少都会提高创业风险；第四，要将担保公司的担保费用计入创业成本中，这样可以有效避免经营风险。

如果创始人决定向银行申请贷款，那么首先需要看自己是否符合银行对贷款申请者的要求。以下是银行对贷款申请者的五项要求。

① 年满 18 周岁，具有合法有效的身份证明和贷款银行所在地的合法居住证明，有固定的住所或营业场所。

② 持有相关机关核发的营业执照及相关行业的经营许可证，从事正当的生产经营活动，有稳定的收入和还本付息的能力。

③ 投资项目已有一定的自有资金。

④ 贷款用途符合国家有关法律和贷款银行信贷政策的规定。

⑤ 在贷款银行开立结算账户，营业收入经过贷款银行结算。

如果创始人符合银行对贷款申请者的要求，就可以向银行提供以下申请资料，发起贷款申请。

① 借款人及其配偶的身份证件（包括居民身份证、户口簿或其他有效居住证原件）和婚姻状况证明。

② 个人或家庭收入及财产状况等还款能力的证明文件。

③ 营业执照及相关行业的经营许可证，贷款用途中的相关协议、合同或其他资料。

④ 担保材料，包括抵（质）押物的权属证明和清单、有处分权人出具的同意抵（质）押的证明、贷款银行认可的评估部门出具的抵（质）押物估价报告。

对创始人来说，银行就是一个巨型的资金"蓄水池"，很多符合条件的中小微企业创始人都是通过银行贷款获得融资从而开创事业的。由于银行财力雄厚，因此银行贷款是一种比较有群众基础的融资方式。

7.1.2 银行贷款的四种类型

目前，银行贷款主要分为四种类型。

第一种是抵押贷款，指借款人向银行提供一定的财物作为信贷抵押的贷款；第二种是信用贷款，指借款人无须提供担保，仅凭自己的信誉就能取得的贷款；第三种是担保贷款，指借款人以担保人的信用为担保而获得的贷款；第四种是贴现贷款，指借款人在急需资金时，用未到期的票据向银行申请贴现来融通资金的贷款。

在这四种贷款类型中，创始人经常使用的是抵押、信用及担保贷款。曾有人做过调查，在申请创业小额贷款时，60%以上的创始人都会选择信用贷款。事实上，抵押贷款及担保贷款的成功率更高一些。

创始人之所以偏爱信用贷款，是因为信用贷款不需要抵押和担保，这对创始人来说是一个非常诱人的优势。然而，银行的信用贷款产品是非常少的，并且发放的贷款额度非常低。对银行来说，尽量不发放或少发放信用贷款产品是最好的防控贷款风险的方法。

说到抵押贷款和担保贷款，其最大的优势就是贷款额度相对较高，这对创始人来说非常重要。创始人最大的烦恼就是创业启动资金不足，所以贷款额度越高，越能起作用。

然而，没有充足的抵押物又限制了很多创始人申请抵押贷款。而且大多数担保公司不愿意为创始人提供担保，因为一旦创始人创业失败，担保公司将面临为创始人买单的风险。比如，深圳的一些担保公司就明确规定，只为本地的大学生创始人提供创业小额贷款担保。

由于银行信用贷款产品少，创始人又没有足够的抵押物和担保公司的担保，导致创始人申请贷款非常困难。但是，最好的方法还是申请担保贷款，用项目说服担保公司为自己提供担保。另外，用家人或亲朋好友的资产作为抵押物来申请贷款也是一种可行的方法。如果实在无法找到合适的抵押物或担保公司，那就只能选择小额信用贷款了。

7.2 如何防范银行贷款中的风险

银行贷款虽然是比较稳健的融资方式，但同样也存在风险。创始人在申请银行贷款时，要注意好每一个流程，以免造成不必要的损失。

7.2.1 防范与贷款合同、汇票、票据有关的风险

1. 避免粗略地填写贷款合同

贷款合同是贷款的凭证，因此创始人一定要认真填写。如果贷款合同中的贷款目的或贷款用途填写不清，那么企业可能面临随时被银行催款的风险，而企业法人和经办人也会面临触犯骗取贷款罪的法律风险。

2. 避免汇票因记载事项有瑕疵而无效

当汇票欠缺记载事项或记载事项不合规时，汇票可能会无效，继而影响企业正常融资。因此，创始人必须全面了解签发银行承兑汇票的注意事项，如标明"银行承兑汇票"字样、无条件支付的委托、付款人名称、收款人名称、出票日期等。

3. 避免票据背书不连续

票据背书不连续会导致票据无法贴现与交付，这会给企业融资、企业资金流通及企业的商业信誉带来恶劣的影响。

7.2.2 防范与担保、互保、联保有关的风险

1. 避免借新还旧的风险

在借贷双方协议以新贷偿还旧贷时，互保、联保的保证人应出具同意意见书，但这可能导致保证人仍对新贷承担保证责任。因此，企业在为他人提供担保时，要充分考虑借新还旧的风险，即自己是否愿意对新贷款承担保证责任。

2．避免违法对外担保

企业在为他人提供担保时，依照企业内部章程，应由董事会或股东（大）会决议。但现行法律并没有将企业违反内部章程的对外担保行为认定为无效行为，也就是说，企业仍需为违反内部章程的对外担保行为承担相应的责任。

3．避免为有违法违规嫌疑的借款合同提供担保

如果借款人提供虚假材料骗取银行贷款，则其担保企业仍需承担保证责任。对此，企业应当擦亮双眼，在为他人提供担保，尤其是互保、联保时，一定要按照银行工作人员要求的操作规范及工作流程进行担保，避免参与制作虚假材料。另外，在互保、联保中，当银行工作人员或其他企业暗示需要制作虚假材料，而又不愿承担责任时，企业应明确拒绝，并保留相关证据材料。

4．避免高层管理人员以企业的名义贷款而由企业承担责任

直接负责企业的高层管理人员如果以企业的名义对外质押贷款，并将贷款资金据为己有，那么企业也需要承担还款责任。所以，对企业来说，防范此种风险的最佳方式就是完善法人治理结构并保证其有效运行。

7.2.3　防范与委托贷款有关的风险

1．避免委托贷款与银行的利益产生冲突

企业把非流动资金委托银行发放贷款，而借款人在银行另有贷款，如果借款人资不抵债，则银行会利用其信息和担保优势优先回收银行自有资金发放的贷款，而企业发放的贷款可能会陷入回收困境。

2．避免委托人指示不清

企业在委托银行贷款时，经常因为过于依赖银行，而没有详细罗列各种委托授权及指示，也没有进行必要的限制，这往往是后期产生纠纷的主要原因。

3．避免通过委托贷款进行融资的成本过高

企业通过委托贷款进行融资时，要明确除利息外的费用，并约定各方承担的费用，避免融资的成本过高。

第 8 章

债权融资：有偿使用企业外部资金

债权融资是指企业通过借款的方式进行融资。用这种方式进行融资，意味着企业要先承担利息，待借款到期后再偿还本金。债权融资主要用于解决企业经营中的资金短缺问题，而不是用于资本项下的开支。

8.1 债权融资的主要渠道

债权融资主要有三种渠道，包括项目融资、债券融资、民间借贷融资。这三种融资渠道分别适用于不同的项目，其风险也各不相同，创始人需要根据自身项目的规模进行选择。

8.1.1 项目融资

项目融资是以特定项目的资产收益为抵押而取得的一种无追索权或有限追索权的融资方式。项目融资一般用于现金流稳定的大型基建项目，借款人将项目本身拥有的资产收益作为还款的来源，并且将项目的资产作为抵押条件，而该项目主体的信用能力通常不是参考的主要依据。

项目融资有两种方式，一种是无追索权的项目融资，另一种是有限追索权的项目融资。

无追索权的项目融资是指贷款的还本付息完全依靠项目自身的经营效益，同时，银行为保障自身的利益，会从该项目的资产中收取物权作为担保。如果该项目由于某种原因未能经营成功，其资产不足以清偿全部贷款时，则银行无权向项目主办人追索。而有限追索权的项目融资是指在债务人无法清偿银行贷款时，银行只能就项目的资产对债务人进行追索。也就是说，以投入项目的资产为限，银行不能要求项目主办人承担全部责任。

1．项目融资的主要结构

（1）投资结构

项目融资的投资结构有单一项目子公司结构、非限制性子公司结构、公司型合资结构、合伙制或有限合伙制结构和非公司型合资结构等。

（2）融资结构

融资结构是项目融资的核心。常用的融资结构有产品支付模式、BOT 模式、PPP 模式、TOT 模式、ABS 模式等。

（3）资金结构

项目融资的资金结构主要用于决定项目中股本资金和债务资金的形式、其相互间的比例关系及其对应的来源等。常用的资金结构有股本资金、准股本资金、商业银行贷款资金、国际债务资金等。

（4）信用担保结构

信用担保结构是项目融资中非常重要的因素。常用的信用担保结构有项目完工担保协议、长期购买项目产品协议、以某种定价公式为基础的长期供货协议等。

2．项目融资的方式

（1）融资租赁

融资租赁是一种特殊的项目融资的方式。在建设项目时如果需要资金购买某设备，则可以向金融机构申请融资租赁，由金融机构购买该设备，再租借给项目承办单位，承办单位只需向金融机构支付该设备的租金即可。

（2）特许经营

对于一些大型基础设施项目，如建设高速公路、电厂等，投资人可与政府签订特许协议，由投资人建立项目公司并实施建设，然后在运营一段时间后再移交政府，这种模式被称为 BOT 模式。

BOT 模式的操作流程一般分为三个阶段。

第一，B 即建设阶段。投资人根据当地政府的法律规定，按照出资比例与当地政府共同建立项目公司，双方合营。

第二，O 即运营阶段。运营即企业的经营及管理，具体的运营方式包括独立经营、参与经营等。

第三，T 即转让阶段。在特许经营期满后，项目公司将运行良好的项目移交给当地政府或其他政府所属机构。

（3）公私合营

公私合营是指项目由政府与企业共同投资建设，或由企业投资、由政府提供相应的配套设施进行建设，这种模式被称为 PPP 模式。PPP 模式是为了减轻政府的资金压力。

（4）施工承包商垫资，并交付履约保证金

这种方式主要由施工承包商预付资金，并交付履约保证金进行项目建设。这同样也是一种减轻政府资金压力的方式。

8.1.2　债券融资

债券融资是有偿使用企业外部资金的一种融资方式，包括银行贷款、银行短期融资、企业债券、政府间贷款、世界金融组织贷款等。

债券融资有四个特征，分别是短期性、可逆性、负担性和流通性。

1．短期性

短期性是指通过债券融资筹集到的资金有使用时间限制，企业需要到期偿还。

2．可逆性

可逆性是指企业通过债券融资获取资金的同时，负有到期还本付息的义务。

3．负担性

负担性是指企业通过债券融资获取资金的同时，需要支付债务利息，这使企业有了固定负担。

4．流通性

流通性是指债券可以在市场上流通并自由转让。

另外，如果债务到期，因债权人的原因使债务人无法履行到期债务时，那么债务人可将履行债务的标的物送交有关部门代为受领，此制度被称为提存制度。债务人提存之后，合同自然终止。

《中华人民共和国合同法》（以下简称《合同法》）第一百零四条规定："债

权人可以随时领取提存物，但债权人对债务人负有到期债务的，在债权人未履行债务或者提供担保之前，提存部门根据债务人的要求应当拒绝其领取提存物。债权人领取提存物的权利，自提存之日起五年内不行使而消灭，提存物扣除提存费用后归国家所有。"

提存制度的建立有利于解决债务纠纷，更好地平衡债权人和债务人之间的利益冲突，保证市场机制的正常运行。因此，提存制度兼具私法和公法的双重性质。当符合提存条件并按法定程序实施提存后，债务人、债权人、提存机关三方之间就产生了相应的法律效力。

8.1.3　民间借贷融资

民间借贷融资是相对于国家依法批准设立的金融机构融资而言的，泛指非金融机构的自然人、企业及其他经济主体之间以货币资金为标的的资金转移及本息支付的行为。民间借贷融资游离于国家正规金融机构之外，以资金筹措为主要融资活动。另外，如果金融机构的商业信用时间超出正常合约时间或收取其他利息，则同样会被认为是民间借贷融资。

民间借贷融资包括所有未经注册、在国家金融机构控制之外的各种金融形式。"民间金融"一般包含在"非正式金融"中，非正式金融既指民间金融形式，又指一些正规金融机构的非正式金融形式。由于民间金融的规模很人，所以要着重突出民间金融部分，而非概括称之为非正式金融。

我国的民间金融活动非常活跃，但相关法律法规并不完善。为了保护民间借贷双方的权益，根据《合同法》的规定，企业相关负责人要重点注意以下五个问题。

1. 签订书面借贷合同

根据法律规定，自然人之间的借贷合同是不要式合同，当事人可以使用书面、口头或其他形式签订借贷合同。为了为日后可能产生的纠纷提供依据，在进行民间借贷时，出借人和借款人最好签订书面合同。

2. 写全借贷合同的内容

书面借贷合同要按照法律规定写清借款种类、用途、数额、期限、担保、利率等信息，还要写明还款的方式及不能还款时担保人要承担的连带责任。

3. 遵守国家法定利率规定

最高人民法院发布的《关于人民法院审理借贷案件的若干意见》第六条规定："民间借贷的利率可以适当高于银行的利率，各地人民法院可根据本地区的实际情况具体掌握，但最高不得超过银行同类贷款利率的四倍（包含利率本数）。超出此限度的，超出部分的利息不予保护。"因此，出借人和借款人在约定利息时，要注意利率不得超过国家有关规定的限制，即不能超过银行同类贷款利率的四倍，另外也不能约定复利。

4. 落实好借贷担保对象

民间借贷有时会面临借款人偿还能力有限或因环境变化导致其突然失去偿还能力的问题，因此出借人最好要求借款人提供担保，而且要保证担保人有足够的偿还能力。

5. 重视还款期限届满时的债权保护

《中华人民共和国民法通则》第一百三十五条规定："向人民法院请求保护民事权利的诉讼时效期间为二年，法律另有规定的除外。"也就是说，自知道或应当知道权利被侵害之日起两年内，权利人若不向法院请求保护其民事权利，便丧失了请求人民法院依诉讼程序强制义务人履行义务的胜诉权。

显然，如果错过了法定追缴债务的诉讼时效，就不能得到法律的保护。因此，如果借款人在规定的还款期限内确实无法偿清借款及利息，那么出借人要在债务到期之后起六个月内，要求担保人承担保证责任。无担保人的，则要在诉讼时效到期前，和借款人约定还款方案。此时，因还款方案的订立而中断的诉讼时效，就能重新计算。

8.2 债权融资的常用形式

债权融资有四种常用形式，分别是融资担保、贸易融资、固定回报投资、金融租赁。这四种形式应用的场景和操作方式各不相同，创始人可以按照需要选择或组合使用。

8.2.1 融资担保

由于信息具有不对称性，银行即使提前进行风险调查也无法彻底了解客户的真实情况，贷款到期无法偿清的情况还是时有发生，针对这种情况就出现了融资担保。

融资担保是指有偿还能力的担保公司为借款人提供担保文件，当借款人不能按期还款时，担保公司代替其向银行还款，然后再向借款人追偿。

所以，担保公司为银行和借款人搭起了一座融资的桥梁，快速缓解了借款人资金困难的状况，特别是对中小微企业来说，更是解决了其融资难的困局。

融资担保双方因担保产生的权利与义务，有以下五个方面。

① 《中华人民共和国担保法》（以下简称《担保法》）第六条规定："本法所称保证，是指保证人和债权人约定，当债务人不履行债务时，保证人按照约定履行债务或者承担责任的行为。"

② 《担保法》第三十三条规定："本法所称抵押，是指债务人或者第三人不转移对本法第三十四条所列财产的占有，将该财产作为债权的担保。债务人不履行债务时，债权人有权依照本法规定以该财产折价或者以拍卖、变卖该财产的价款优先受偿。前款规定的债务人或者第三人为抵押人，债权人为抵押权人，提供担保的财产为抵押物。"

③ 《担保法》第六十三条规定："本法所称动产质押，是指债务人或者第三人将其动产移交债权人占有，将该动产作为债权的担保。债务人不履行债务时，债权人有权依照本法规定以该动产折价或者以拍卖、变卖该动产的价款优先受偿。前款规定的债务人或者第三人为出质人，债权人为质权人，移交的动产为质物。"

④ 《担保法》第八十二条规定："本法所称留置，是指依照本法第八十四条的规定，债权人按照合同约定占有债务人的动产，债务人不按照合同约定的期限履行债务的，债权人有权依照本法规定留置该财产，以该财产折价或者以拍卖、变卖该财产的价款优先受偿。"

⑤ 《担保法》第八十九条规定："当事人可以约定一方向对方给付定金作为债权的担保。债务人履行债务后，定金应当抵作价款或者收回。给付定金的一方不履行约定的债务的，无权要求返还定金；收受定金的一方不履行约定的债务的，应当双倍返还定金。"

投资人对创始人不放心时，通常会选择这种融资方式，要求创始人寻找第三方作为担保人，一旦企业出现破产清算的情况，可以通过第三方担保人获得赔偿，从而降低投资风险。

8.2.2 贸易融资

贸易融资指的是银行面向进口商或出口商，利用与进口、出口贸易结算有关的短期融资工具，基于商品交易中的存货、预付款等资产进行的融资。贸易融资的借款人，除了将商品销售盈利作为还款来源，没有独立的还款能力。贸易融资的保理商提供无追索权的贸易融资，快速方便，能有效解决出口商信用销售和在途占用的短期资金问题。

贸易融资有以下八种方式，分别是授信开证、进口押汇、出口押汇、打包放款、外汇票据贴现、国际保理融资、福费廷、出口买方信贷。

1. 授信开证

授信开证指的是银行为客户在授信额度内减免保证金，开具进口信用证。

2. 进口押汇

进口押汇指的是开证行在收到信用证相关单据时，向开证人提供的，用来支付该信用证款项的短期融资业务。进口押汇一般与信托收据配套使用，即开证行凭借开证人提供给银行的信托收据释放相关单据给开证人，开证人可在未付款时先行进行提货、报关、存仓、销售等活动，并以货物销售获得的收入支付银行垫付的信用证金额和相关利息。开证行与开证人因信托收据而形成信托关系，银行保留单证上货物销售收入的受益权，开证人拥有单证法律上的所有权，能够处分单证上的货物。

3. 出口押汇

出口押汇指的是信用证的受益人在货物装运后，要把全套货运单据质押给所在地银行，该行在扣除相关费用后，把货款预先垫付给受益人，而后向开证行索要货款。

4. 打包放款

打包放款指的是出口商收到进口商所在地银行开具的有效信用证后，用信用证正本向银行申请，从而取得信用证规定的出口商品生产、采购、装运所需的短期资金。

5. 外汇票据贴现

外汇票据贴现指的是银行给外汇票据持票人办理的票据融资业务。在外汇票据到期前，银行从票面金额里扣除贴现利息后，将余额支付给持票人。

6. 国际保理融资

国际保理融资指的是在国际贸易承兑交单、赊销方式下，银行通过代理行以有限放弃追索权的方式，核准和购买出口商的应收账款，从而保证出口商在出口后可以收回货款。

7. 福费廷

福费廷也称为票据买断，指的是银行一次买断国际贸易延期付款方式中出口商持有的远期承兑汇票或本票。

8. 出口买方信贷

出口买方信贷指的是向国外借款人发放的中长期信贷，用于进口商支付我国出口商货款，促进我国商品和服务的出口。其贷款对象为中国工商银行认可的进口中国商品的进口方（买方）银行，或在特殊情况下的进口商。贷款支持的出口商品应以我国制造的商品为主。

8.2.3　固定回报投资

很多人认为固定回报投资的收益率肯定是固定的，约定多少就是多少，然而，固定回报投资的收益并不是固定的。它之所以叫这个名字，是因为它的投资方向是固定收益类资产。

固定收益类资产指的是银行定期存款、协议存款、国债、企业债等。这类资产有一个共同特征，就是到期还本付息且收益率固定。

那么，为什么固定回报投资的收益并不固定呢？这是因为投资人在进行固定回报投资时，获取的不一定只是这些资产到期的收益，他们还可能通过交易来赚取价差。

例如，国债的价格是不固定的。国债的价格与利率之间存在密切联系，且二者通常为负相关关系。如果一只基金前期买入了国债，紧接着利率下滑，国债价格上涨，那么只要卖掉国债就能获利。因此，固定回报投资也是一种投资，并非单纯地通过资产到期来获利。

因为固定回报投资所投资产的价格浮动较小，所以投资人承担的风险和获得的收益也较小。现在的固定回报投资的收益在一定程度上要高于其带来的风险，这种特性源于刚性兑付。但当刚性兑付彻底消失时，固定回报投资的投资人就要在回归低风险、低收益的传统投资产品和进军高风险、高收益的投资产品中进行选择了。

8.2.4　金融租赁

金融租赁实质上是一种债权，不同国家对其有不同的定义和不同的法律规定。

一些国家将金融租赁定义为"出租人和承租人以书面形式达成的一种协议，在一个特定的期限内，由出租人购买承租人选定的设备，同时拥有其所有权，而承租人拥有其使用权"。我国将金融租赁定义为"出租人出资购买承租人选定的设备，再将其租借给承租人，并在一定期限内收取租金的一种兼具融资和融物两种职能的租赁方式。承租人在租借期限到期后，向出租人支付产权转让费，出租人将设备的所有权移交给承租人"。

金融租赁和融资租赁在法律定义上并无太大差别，二者的差别主要体现在产业划分和行政监管上。但是，根据《商务部办公厅关于融资租赁公司、商业保理公司和典当行管理职责调整有关事宜的通知》，商务部将制定融资租赁公司、商业保理公司、典当行业务经营和监管规则的职责划分给中国银行保险监督管理委员会，使得二者的差别主要集中在产业划分上了，具体体现在以下四个方面。

1．经营范围不同

金融租赁公司可从事融资租赁、固定收益类证券投资、吸纳非银行股东三个月（含）以上定期存款、向金融机构借款、租赁物变卖及处理等业务。而融资租赁公司一般是服务于金融产业的资产管理机构，即使涉及资金，也是为出资人服务的，而并非把自有资金全部套牢在项目中。

2．机构性质不同

金融租赁公司是金融机构，而融资租赁公司是非金融机构。前者属于放款单位，后者属于借款单位，二者有本质上的不同。

3. 财税政策不同

金融租赁公司是金融机构，因此可以享受财政部有关《金融企业呆账准备提取管理办法》的政策待遇。而融资租赁公司不是金融机构，因此不能享受此待遇。

4. 业务性质不同

金融租赁公司可以吸纳股东存款，待经营稳定后可进入同业拆借市场。而融资租赁公司只能从股东处借款，不能吸纳股东存款，也无法进入同业拆借市场。

第9章

应收账款融资：转让或质押应收账款换取流动资金

应收账款融资指的是企业用自己的应收账款向银行申请贷款，银行一般按应收账款面值的 50%～90%向企业发放贷款，企业将应收账款转让给银行后，应向债务人发出通知，让其直接付款给银行。

9.1 应收账款融资的特点

应收账款融资作为中小微企业融资的一种重要方式，要以真实的贸易背景为基础，也就是说要保证应收账款的存在是真实有效的。另外，应收账款还可以证券化，这样不仅可以促进应收账款的销售，还能降低应收账款的管理成本。

9.1.1 基于真实的贸易背景

应收账款指的是企业在经营过程中因销售商品、提供服务等业务，应向购买单位收取的款项，包括应由购买单位负担的税金、包装费及各种运费等。

应收账款是伴随企业销售行为的发生而形成的一项债权。因此，应收账款与收入密切相关，一般在确认收入的同时，也要确认应收账款。

应收账款是在销售过程中被购买单位占用的企业资金，企业应及时收回这些资金以弥补自己在经营过程中的各种损耗，保证自己的正常经营。如果遭遇拖欠应收账款的情况，则企业应及时采取措施，组织催收。对于无法收回的账款，企业应及时取得有关证明并按规定进行坏账损失处理。

应收账款不仅可以作为企业资金的来源，同时也可以让企业获得融资。目前，中小微企业面临融资难、融资贵的困境，应收账款融资正好可以帮助中小微企业获得较低成本的融资，并且能使其财务管理更加灵活、高效。

需要注意的是，应收账款融资必须基于真实的贸易背景，符合企业实际的经营状况。有些企业为套取较长期限的融资而伪造贸易背景，违背行业交易规则，最终违反法律，影响了应收账款融资的发展。

9.1.2　应收账款证券化

应收账款证券化是一种不仅能发挥应收账款的促销作用，还能降低应收账款成本的管理方法。证券化实际上是指企业把被证券化的资产的未来现金收益权转让给投资人，而其资产的所有权则可以选择保留或转让。在国际上，证券化的应收账款已经涵盖了汽车、信用卡、租赁、航空、高速公路收费等多个领域。

1. 优势

应收账款证券化主要有以下四个优势，如图 9-1 所示。

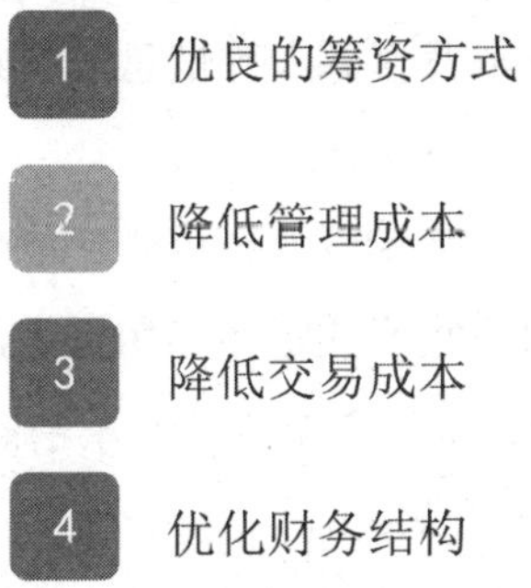

1	优良的筹资方式
2	降低管理成本
3	降低交易成本
4	优化财务结构

图 9-1　应收账款证券化的优势

（1）优良的筹资方式

应收账款证券化是指企业直接将应收账款出售给专门从事资产证券化业务的 SPV（特殊目的的载体），经过重组，SPV 可以向国内外资本市场发行有价证券，证券价格根据应收账款的信用等级、质量和现金流量来确定。将应收账款出售给 SPV，不仅可以提高企业资产的质量、加强企业资产的流动性、提高企业的融资能力，还可以省去管理应收账款带来的麻烦。另外，这种融资方式的费用较低，服务却更为专业、可靠。

（2）降低管理成本

资产证券化的目的是实现证券化资产的破产隔离，也就是将应收账款从企业的资产负债表中剥离，降低破产成本。这样做可以降低管理成本，提高企业证券的质量，降低融资的难度，因为大型机构的投资人都是比较倾向于高质量证券的。

（3）降低交易成本

应收账款证券化一般由精通应收账款管理的机构进行，应收账款的拥有者只需要将应收账款出售给这样的机构即可，后续不需要再对其进行跟踪、追缴了。这样做可以降低坏账的损失，从而降低交易成本。

（4）优化财务结构

应收账款证券化能够充分利用企业的资产并优化企业的投资组合，最终优化企业的财务结构。

2. 流程

应收账款证券化的具体交易流程包括以下几个方面。

① 出售方按应收账款时限及债务人等信息对应收账款进行重组，形成基础资产池。

② 出售方将应收账款出售给 SPV，实现破产隔离。

③ SPV 聘用担保公司对应收账款进行信用评级。

④ 担保公司评级后，SPV 将资产交给证券承销商发行，所获得的收入用来向出售方支付购买基础资产的价款。

⑤ SPV 聘请中介机构对资产池进行后续管理。

9.2 应收账款融资的基本类型

应收账款融资有保理融资和质押融资两种类型。应收账款保理融资是指企业将应收账款全部转让给保理商，而应收账款质押融资是指企业把应收账款作为质押品质押给金融机构，之后可以通过还清贷款的方式，重新取得应收账款的全部权利。

9.2.1　应收账款保理融资

应收账款保理融资是指债权人向保理商申请，由保理商购买其与债务人因商品赊销而产生的应收账款，债权人为债务人到期付款承担连带保证责任，另外还应承担回购该应收账款的责任。也就是说，债权人把自己拥有的应收账款合法转让给保理商，然后再从保理商处获得融资。

应收账款保理融资的前提是债权人与债务人形成商品赊销关系，产生应收账款。然后，债权人将应收账款转让给保理商，并提出融资申请。随后，保理商会对债务人的经营状况进行评估，给出适合的融资金额。债权人收到融资款后，就会为债务人供应货物。最后，应收账款到期后，保理商会从债务人手中收回应收账款。

以中征应收账款融资服务平台为例，其参与主体如图 9-2 所示。

图 9-2　中征应收账款融资服务平台参与主体

类似的互联网 P2P 平台的保理业务一般都是有追索权的，在保理的过程中，平台一般会通过保理商回购债务人逾期还款的收益权。这类平台在进行应收账款的保理业务时需要注意以下几个问题。

① 确认应收账款是否真实有效、债权人与债务人之间是否存在实际的商品赊销关系。

② 在与保理商对接时，平台要明确保理商未在其他同类平台反复多次转让该应收账款。

③ 保理商大多良莠不齐，因此平台要针对保理商的资质进行严格审查。

9.2.2 应收账款质押融资

应收账款质押融资是指企业与金融机构签订合同，把应收账款当作质押品，在合同规定的期限内，以随用随支的方式向金融机构取得短期融资的一种融资方式。

应收账款质押融资主要针对中小微企业，能盘活中小微企业的沉淀资金，有效缓解中小微企业融资担保难的问题，提高中小微企业可持续发展的能力。但是，由于相关政策的限制，这种融资方式发展并不迅速，中小微企业融资主要还是以不动产作为担保。

《中华人民共和国物权法》（以下简称《物权法》）第二百二十三条规定："债务人或者第三人有权处分的下列权利可以出质：（一）汇票、支票、本票；（二）债券、存款单；（三）仓单、提单；（四）可以转让的基金份额、股权；（五）可以转让的注册商标专用权、专利权、著作权等知识产权中的财产权；（六）应收账款；（七）法律、行政法规规定可以出质的其他财产权利。"

该项法律条款扩大了可用于担保的资产范围，应收账款自此被纳入质押范围。为了更好地履行《物权法》相关内容，中国人民银行上线了应收账款质押登记公示系统，为应收账款质押融资的顺利实施提供了保障。

应收账款质押融资的流程并不复杂，以沃普惠平台为例。首先，核心企业与中小微企业签订赊销合同，双方形成商品赊销关系，产生实质上的应收账款。接着，中小微企业将应收账款质押给沃普惠平台，并提出融资申请。随后，沃普惠平台会核实交易信息，调查核心企业的经营状况、贸易背景等。之后，核心企业与沃普惠平台签署付款协议，中小微企业会获得由沃普惠平台中的投资人发放的融资资金。最后，中小微企业按期还本付息，投资人获得收益。沃普惠平台运行模式如图9-3所示。

应收账款质押融资本质上是一种便捷的融资方式，适合那些规模较小、财务管理制度尚未完善的企业。因为购货合同的应收账款质押融资申请比较方便，所以沃普惠平台在设计合理的融资产品、把控风险的同时，也注重对核心企业资质的审查。

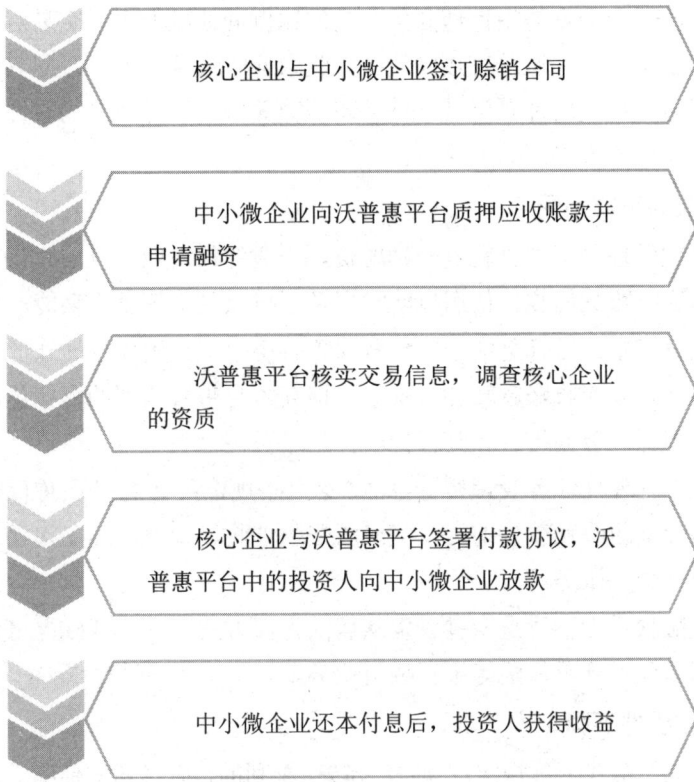

核心企业与中小微企业签订赊销合同

中小微企业向沃普惠平台质押应收账款并申请融资

沃普惠平台核实交易信息，调查核心企业的资质

核心企业与沃普惠平台签署付款协议，沃普惠平台中的投资人向中小微企业放款

中小微企业还本付息后，投资人获得收益

图 9-3 沃普惠平台运行模式

应收账款质押融资的整个流程实际上是以核心企业的担保、回购、付款承诺为信用基础的，因此沃普惠平台在选择核心企业时，设置了严格的准入门槛，基本上只与行业龙头、大型上市公司合作，从源头上规避违约的风险。

9.2.3 应收账款保理融资与应收账款质押融资的区别

从应收账款保理融资和应收账款质押融资的定义、操作模式等角度进行分析，二者共有以下十点不同。

1. 法律性质不同

应收账款保理融资属于债权转让，符合《合同法》第七十九条至第八十三条的规定。而应收账款质押融资属于普通债权权利质押，符合《物权法》第二百二十三条、第二百二十八条及《应收账款质押登记办法》的规定。

应收账款保理融资是指保理商按一定的比例向债权人支付交易对价来购买债权人的应收账款，并通过直接向债务人收取应收账款的方式收回其支付的交易对价。而应收账款质押融资是一种从属法律关系，质押成立的前提是存在一个由债务人向债权人偿还的主债务。

2. 含义和范畴不同

应收账款保理融资本身就是一种融资。一般的保理业务以应收账款转让为核心，兼具应收账款催收、信用风险担保及预付款融资等服务功能。

根据相关规定，国际上的应收账款保理融资普遍采用债权转让的方式。虽然保理业务还是以应收账款转让为核心，但其本身带有浓烈的商业色彩，在管理、催收、担保等方面符合国际惯例。

《商业银行保理业务管理暂行办法》第六条规定："本办法所称保理业务是以债权人转让其应收账款为前提，集应收账款催收、管理、坏账担保及融资于一体的综合性金融服务。"

而应收账款质押融资是一种融资从属的担保方式，在该基础上可以开展贷款、开具信用证、开具保函等银行融资业务。

3. 生效要件不同

《合同法》第八十条规定："债权人转让权利的，应当通知债务人。未经通知，该转让对债务人不发生效力。"而《物权法》第二百二十八条规定："以应收账款出质的，当事人应当订立书面合同。质权自信贷征信机构办理出质登记时设立。"因此，应收账款保理融资需要在通知债务人后方可生效，而应收账款质押融资在办理出质登记后即可生效。

4. 对应收账款的受让人和质权人的法律效力不同

应收账款保理融资对受让人有以下法律效力。

（1）债权人发生变更

在应收账款保理融资中，如果将应收账款全部让与保理商（即受让人），那么该债权就转移给了保理商。应收账款的原债权人（即转让人）解除原债权关系，保理商取代原债权人成为债权关系的新债权人，此时债务人应向新债权人履行债务，同时免除对原债权人的责任。根据《国际保理通则》相关规定，为了避免债务人、债权人与保理商产生纠纷，一般不允许部分转让，也就是说很少会出现债权人与保理商共同持有债权的情况。

（2）债权主从权利转移

《合同法》第八十一条规定："债权人转让权利的，受让人取得与债权有关的从权利，但该从权利专属于债权人自身的除外。"当主债权被转让时，从属于其的从权利也会随之一同转移。从权利一般包括担保物权、利息债权、留置权、对流通票据的背书权等。但与原债权人无法分离的权利，如解除权等，不能转移给受让人。

（3）转让人对其转让的应收账款债权负瑕疵担保责任

所谓瑕疵担保责任是指受让人要与转让人签署合同，约定如果转让后发现应收账款在转让前就存在重大问题，则应该由转让人承担相应的责任。

应收账款质押融资对质权人有以下法律效力。

（1）优先受偿权

质权人在向债务人请求履行清偿义务未果的情况下，可以就出质财产进行处分，并且优于应收账款债权人受偿，即和应收账款债权人相比，质权人拥有优先受偿权。

（2）向出质人和出质债权的债务人主张质权

《最高人民法院关于适用〈中华人民共和国担保法〉若干问题的解释》第一百零六条规定："质权人向出质人、出质债权的债务人行使质权时，出质人、出质债权的债务人拒绝的，质权人可以起诉出质人和出质债权的债务人，也可以单独起诉出质债权的债务人。"

（3）对设质应收账款代位物的追及权

在应收账款付款期限比主债务清偿期限先到期的情况下，质权人可以和出质人约定将应收账款资金先用于清偿主债务，随后将已收回的应收账款存入特定的保证金账户中，或直接转化为存单，继续作为主债权的担保。

（4）对出质应收账款债权的担保利益的追及权

在出质应收账款债权本身附带一定担保物的情况下，质权人的质权效力可以追及上述担保利益。质权人可以直接起诉出质应收账款的债务人和对应的保证人，或主张对该债权项下的担保物优先受偿。

（5）在出质人破产时，对已设立质押的应收账款行使别除权

在出质人执行破产程序时，质权人可以对已设立质押的应收账款行使别除权，要求将这部分财产权利划出破产财产范围。

5. 运行机制不同

在应收账款保理融资中，受让人能收回多少账款，皆与原债权人无关。而应收账款质押融资中的质权人在行使质权后，如果所收账款数额多于债权额，则必须将多余部分退还给出质人；相反，如果所收账款数额少于债权额，则债务人需要偿还不足部分。

6. 能否向应收账款原债权人追索不同

应收账款转让后，受让人要独自承担债务不能清偿的风险，这是保理的功能之一。除非另有约定，否则一般情况下受让人无权向转让人追索未清偿的债务。而应收账款质押融资有担保功能，当出质人不能清偿债务造成违约时，质权人有权处分质押的应收账款。

7. 收益不同

风险和收益通常呈正相关关系。应收账款保理融资中的受让人往往能获得更高的利益，因为其以较低的贴现率获得应收账款，当应收账款全部被收回时，受让人可以赚取很大一笔差价。而应收账款质押融资中的质权人只能获得利息收入，无法得到多于债权本息的偿付。

8. 对应收账款的权利不同

在应收账款保理融资中，受让人享有应收账款项下的任何权利，出让人则不再享有支配应收账款的权利。而在设立应收账款质押后，除非债务人在偿还主债务时违约，否则质权人不能获得质押应收账款的任何权利。出质人还可以通过清偿主债务、消灭应收账款质权，重新取得应收账款的全部权利。

9. 适用的应收账款的范围不同

应收账款保理融资一般仅限于销售货物或服务产生的应收账款，其结算方式也有限，如信用证、凭单付现或其他种类的现金交易都被排除在外。

而《应收账款质押登记办法》第二条规定："本办法所称的应收账款包括下列权利：（一）销售、出租产生的债权，包括销售货物，供应水、电、气、暖，知识产权的许可使用，出租动产或不动产等；（二）提供医疗、教育、旅游等服务或劳务产生的债权；（三）能源、交通运输、水利、环境保护、市政工程等基础设施和公用事业项目收益权；（四）提供贷款或其他信用活动产生的债权；（五）其他以合同为基础的具有金钱给付内容的债权。"

10．是否应通知债务人不同

在应收账款保理融资中存在隐蔽做法，可不通知债务人，如暗保理、商业发票贴现等。但也不能完全不通知债务人，如在应收账款债权到期后，债务人仍未付款，受让人则需要向债务人发出通知。

而在应收账款质押融资中，一般银行都会明确要求通知债务人，取得其对应收账款质押的确认。

从企业的角度进行分析，应收账款保理融资与应收账款质押融资有以下五点不同。

1．对企业资产负债率的影响不同

在应收账款保理融资中，企业获得的融资款等同于其提前收回的应收账款，属于资产负债表中的流动资产科目，对资产负债率没有影响，且实际上改善了企业的财务结构。而在应收账款质押融资中，企业通过出质应收账款获得融资后，该融资款属于资产负债表中的负债科目，因此提高了企业的资产负债率。

2．是否可以合理避税不同

在应收账款保理融资中，一般应收账款是有一定折扣的转让，这对企业而言就出现了应收账款转让损失。一般情况下，应收账款属于企业财产，其转让所发生的损失可以在税前扣除，且不需要税务机关审批。因此，企业可以自行扣除相关应收账款转让损失部分的税款。而在应收账款质押融资中则不存在质押折扣的情况，因此也不存在税前扣除的情况。

3．应收账款融资业务的种类不同

应收账款保理融资仅限于保理预付款等融资业务，而应收账款质押融资可办理的融资业务较多，包括承兑汇票、流动资金贷款等。从企业的角度来看，如果其应收账款的付款期限短、金额少，则更适合应收账款质押融资。

4．应收账款保理融资具有应收账款质押融资所不具备的功能和优点

应收账款保理融资具有催收、管理、坏账担保等功能，债务人的信用风险由保理商承担，收款有保障。另外，资信调查、账务管理等也都由保理商负责，节约了管理成本。

银行有专门的保理业务系统，可以对应收账款进行全面管理，还可以将应收账款的回款存入该银行内部账户中，避免司法部门的查、冻、扣，实现对应收账款的动态管理。

5. 应收账款质押融资可以进行 ABL 业务

应收账款质押融资可以细分为两种方式：一种是传统银行贷款，该方式是基于贷款企业的财务实力和经营状况而发放的贷款，我们称其为"财务报表型"融资；另一种是 ABL（资产支持贷款），该方式是基于担保品而发放的贷款。前者的贷款金额取决于借款企业的现金流，应收账款只作为一种担保品；而后者的贷款金额取决于担保品的数量和质量，还需要对担保品进行跟踪。

因为 ABL 与传统银行贷款不同，且其贷款对象的风险较高，所以需要专业人员对担保品进行评估、监控。在同一家银行里，普通贷款业务与 ABL 业务常分属于不同部门。有些贷款机构甚至用专门的电子系统来跟踪 ABL 业务，以保证其可以实时监控担保品的交付、销售、回款、贷款余额等信息。

第 10 章

资产典当融资：针对中小微企业短期救急的辅助手段

资产典当融资是指中小微企业通过抵押的方式，从典当行快速获得资金的一种融资方式。典当行是国家特许从事贷款业务的特殊金融机构。与银行贷款相比，资产典当融资主要针对中小微企业和个人进行短期、小额融资，对银行贷款起辅助性作用。因为资产典当融资能短期变现的特点，所以它目前非常受创业企业的欢迎。

10.1 资产典当融资的特点

与银行贷款相比，资产典当融资办理周期短、手续简单，且门槛比较低，非常适合解决企业的燃眉之急。另外，当物种类丰富，许多物品都可以用作当物，这就解决了创业企业缺少不动产、申请银行贷款难的问题。

10.1.1 急事告贷，典当最快

资产典当融资目前已是银行贷款融资的一种有效补充方式。因典当行通常能在短时间内为企业提供融资，所以这种融资方式特别受中小微企业的青睐，为中小微企业的发展提供了极大的便利。

银行贷款的信用特点决定了其更便于大中型国有企业申请融资，而中小微企业在银行的信用等级不高且缺少一定规模的资产和担保能力，因此很难得到

银行贷款。然而，典当行拥有快捷、灵活的特点，很适合帮助中小微企业快速融资，解决中小微企业的资金问题。

根据典当行的规定，当户只要持当物、身份证及原始发票等信息凭证证明当物确为自己的合法财产，再经过鉴定、估价等程序，就可以在几分钟内取得资金。相比银行贷款要经过考证、审核、逐级上报等程序，至少要花费半个月的时间，资产典当融资是一种手续简单、快捷方便的融资方式，可以有效弥补银行贷款等融资方式手续复杂的缺点。

资产典当融资省时省力，对企业没有太高的信用等级要求，也不需要在贷款前经历复杂、漫长的调查过程。其普通业务的办理时间一般只需要半个小时，如果是黄金等贵金属，则需要评估师对其进行评估，但也不超过两个小时就可以签合同，从而获得资金。股票和房地产的典当过程相对复杂，需要由专业人士进行考察，但最长也只需要两周时间。因此，资产典当融资是企业应急的较好方式。

另外，资产典当融资的门槛比较低。银行在贷款时会偏向信用等级较高的企业，但中小微企业的信用等级较低，银行所掌握的企业财务信息和企业本身的状况严重不符，导致中小微企业很难获得银行贷款，或者要经过一系列严格且漫长的审批流程才能获得银行贷款，使很多中小微企业当下面临的资金问题很难得到有效解决。而资产典当融资一般采用质押的方式，认物不认人，不会考察放款对象的信用等级和贷款用途，这就使中小微企业很容易获得融资。

资产典当融资的借款时间、借款金额的自主性强。银行贷款的借款金额一般较大，银行很少愿意提供零星的小额贷款，但中小微企业需要的常是短期的小额融资。例如，一家企业想用一部分资产贷款两万元，贷款期限为一个月，很少有银行会受理此业务，但在典当行就可以做到，而且可以将还款日期规定在典当期限内，按照物主意愿结算，当户只需要支付服务费和借款利息就可以赎回典当物品。

银行贷款的抵押物一般是房屋、土地、设备等不动产，类别比较单一。而资产典当融资的当物包括证券、汽车及各种生产资料等，当户还可以将这些物品任意组合，典当行会根据它们的总价值为当户提供贷款。与银行只对同类物品进行抵押的方式相比，这种典当方式更为灵活。

综上所述，资产典当融资是一种辅助性的融资方式，相当于银行的助手，二者相辅相成、互利共赢。银行贷款的利率相对较低，但手续复杂、周期长，一些需要小额贷款的客户经常被银行拒之门外，于是这些客户就成了典当行的客户。

10.1.2　当物种类丰富

资产典当融资的当物种类比较丰富，很多有一定价值的物品都可以作为当物。

1．贵金属首饰

大多数典当行都会受理贵金属首饰的典当。贵金属首饰作为当物具有一般普适性，是资产典当融资中常见的当物。

2．珠宝钻石

由于目前人们珠宝钻石的持有量低于贵金属首饰的持有量，所以国内大多数典当行缺乏珠宝钻石典当业务的受理经验。因此，这类当物一般缺少普适性，可能会在典当交易中不被受理。

3．汽车

汽车本身价值很高，在资产典当融资中存在一定优势。随着轿车的普及，汽车尤其是轿车典当的性价比进一步提高。因此，汽车属于典当领域内的支柱性品种。

4．名表

名表典当受地域的影响，北京、上海、广州等沿海发达地区的名表典当业务比较发达，但一些经济滞后地区的名表典当业务就存在空白，因为这些地区拥有名表的人也比较少。

5．房地产

房地产是比较常见的一种当物，无论是商铺还是住宅，都有很大的市场空间。这类当物是典当行最看好的当物，具有很大的可持续发展潜力，是典当领域内的高端品种。

6．库存物资

库存物资一般指闲置物品，一些工商个体户通常会选择这类当物。近几年，库存物资典当的市场规模逐渐扩大，如服装个体户用批量的服装典当、家电个体户用批量的冰箱典当等。将暂时闲置的物品用于典当融资，不仅给闲置物品安排了一个好去处，还为企业换来了更为重要的流动资金。

7．生产资料

目前，利用生产资料典当的状况少有发生，但并未消失。例如，煤炭企业用原煤典当、纺织企业用棉花典当等，这些都是用生产资料作为当物。这类当物能暂时为企业换来资金，帮助企业更好经营。

10.2 资产典当融资的优点和缺点

资产典当融资是我国多元化市场经济的一部分。面对激烈的市场竞争，资产典当融资为中小微企业提供了一条便捷的融资途径。然而，资产典当融资是一把双刃剑，它在为企业提供便利的同时，也存在一定的风险。

10.2.1 资产典当融资的优点

随着经济社会的发展，典当已经发展成一种融资方式，在金融市场中逐渐发挥着重要的作用。

目前，国家对于创业的大力扶持，使得中小微企业的规模不断壮大，然而这也催生了融资难的问题，银行往往不愿意贷款给信用等级低、财务状况不稳定的中小微企业。因此，资产典当融资凭借其方便、灵活、放款快等优点，成为很多中小微企业融资的首选。

随着互联网经济的崛起，企业面临的竞争日益激烈，中小微企业更是时常面临着巨大的生存压力，而典当行的存在缓解了这种竞争状况。典当行凭借其独特的竞争优势，在激烈的市场竞争中维持着自身的健康发展。

资产典当融资的当物多元化意味着其客户的多元化，避免了产品集中的风险。另外，我国坚持实行房地产调控政策，鼓励多元化经营，这在一定程度上降低了典当行的经营风险。

10.2.2 资产典当融资的缺点

《典当管理办法》第三条规定："本办法所称典当，是指当户将其动产、财产权利作为当物质押或者将其房地产作为当物抵押给典当行，交付一定比例费用，取得当金，并在约定期限内支付当金利息、偿还当金、赎回当物的行为。"另外，典当行不具备发放信用贷款的资格，也就是说，资产典当融资的担保方式只能是财产或物品的抵押。因此，在资产典当融资中，分析典当业务是很重要的一项工作，可以有效控制风险。

不同的典当业务，其风险程度不同。一般来说，当物会在典当行经历鉴定、评估、保管、处置四个阶段，把握好这四个阶段，有利于更好地防控风险。

1. 房地产抵押典当业务

房地产抵押典当业务在典当业务中占据主导地位。这项业务首先需要核实房产证与产权人真实无误，然后由专业的评估机构对其进行报价。用于抵押的房地产不能再过户、抵押，保管也比较简单。这项业务的风险比较低，但由于国家对房地产市场的调控，可能会增加这类当物拍卖处置的难度。

2. 车辆质押典当业务

车辆质押典当是指车主将机动车的所有权质押给典当行，以此来获得资金的行为。这项业务的典当期限可以根据当户的实际情况来定，一般为 1 个月；典当手续简便，还能为闲置车辆提供暂时的保管。机动车相比于传统当物，价格稳定、变现较快，即使出现绝当的情况，也不会长期占用资金。

在实际典当过程中，车辆质押典当业务有两种操作方式。一是押证不押车。这种方式比较容易确定产权归属，且估价师操作起来也比较简便。但因为不押车所以不能保证车辆的安全，会给未来处置时埋下隐患。二是押车不押证。这种方式难以确定产权归属，但并不影响估价。由于产权归属不明确，会给车辆的保管造成隐患。

3. 贵金属抵押典当业务

在贵金属抵押典当业务中，当物基本以黄金和铂金为主。这项业务的风险也比较低，市场价值相对稳定。在实际操作时，典当行通常采用比重法计算当物的密度。但这种方法只能计算实心的黄金和铂金，对于其他工艺复杂的首饰的计算误差较大。

总之，市场经济带来了更加激烈的市场竞争。事实上，没有本身就存在绝对优势的业务，否则市场也不会呈现出多元化的发展趋势。资产典当融资的每项业务都有其风险，看清这些风险点，可以有效降低把控风险的难度。

传统资产典当融资是不涉及信用风险的，因为其大多时候都采用"以物换钱"的方式，强调时间快、门槛低。但现代资产典当融资的借款金额逐渐增加，客户主体也由自然人变成了中小微企业主。另外，《典当管理办法》规定绝当物品的处理限额较小，使得信用因素成为影响典当安全的重要因素。

信用风险，又称为违约风险，是指当户不能按期偿清本金和利息，使典当行收益受损的可能性。这种风险源于当户，即典当行的每笔业务收入都会承担来自当户的信用风险，且不同的当物有不同的信用风险。虽然当户出具了当物作保，但其一旦违约，典当行就会面临处置各种当物的压力，耗费大量的人力、物力，结果却不一定乐观。

借款人的还款能力和还款意愿也是典当行出现信用风险的原因之一。借款人主要通过企业经营所得来偿还借款资金，因此衡量借款人还款能力的主要指标是其经营的获利情况。另外，借款人的品格也十分重要。借款人不仅要具备偿还债务的意愿，还要具备承担债务的责任感，这需要借款人足够诚实、可信，且具备上进心。

第 11 章

存货质押融资：第三方物流企业参与下的动产质押业务

存货质押融资是一种特别适合中小微企业的融资方式，特别对盘活企业存货、加快企业资金周转、调整企业财务结构有重要意义。在进行存货质押融资时，企业可以将仓库中暂时搁置的货物作为担保，以获得发展过程中所需的资金。

11.1　存货质押融资的特点

存货质押的货物在一定时间内价值相对稳定，这是因为银行为了规避风险，会要求借款企业设置一个商品价值界限，只有当货物价值超过这个界限时，借款企业才可以使用这些货物。另外，为了方便管理，银行通常会要求由第三方物流企业建立仓库来管理货物，这样可以进一步降低风险。

11.1.1　在一定时间内价值相对稳定

对融资需求迫切的中小微企业来说，缺乏不动产是导致其难以获得银行贷款的一个重要原因。在发达国家，这些企业普遍采用存货质押融资的方式代替银行贷款获得流动资金。存货质押融资是指中小微企业将原材料、半成品和成品等存货作为质押物来获得融资的一种融资方式。传统银行贷款主要将不动产作为抵押物或由第三方公司担保，从而获得贷款；存货质押融资则将企业真实的贸易行为中的动产作为质押物，从而获得贷款。

在存货质押融资具体执行的过程中，第三方物流企业作为监管方参与进来，第三方物流企业、银行、借款企业三方签订协议，银行为借款企业提供短期贷款。

存货质押授信指的是借款企业以自有的动产作为质押的授信业务。一般为了规避风险，银行会安排第三方物流企业对借款企业提供的货物进行监管。存货质押授信分静态和动态两种方式。

静态存货质押授信不允许借款企业以货易货，只能以款易货。但在实际中，借款企业的货物流动较为频繁，而静态存货质押授信会限制借款企业的正常运作。因此，银行一般很少使用这种方式，而是使用动态存货质押授信的方式。

动态存货质押授信是指借款企业为用来担保的货物设置一个价值界限，借款企业只能自由使用不低于这个价值界限的货物。通过这种方式，借款企业既能以货易货，又能以款易货，扩大了生产经营的范围。

虽然用来担保的货物的范围较广，但银行为了规避风险，还会对货物的类别进行限制。银行更倾向于钢管、钢材、有色金属、黑色金属、木材等这些较容易核定价值的货物。另外，不同类别的货物，不同的银行，可能会设置不同的质押率。一般来说，容易变现的货物质押率较高，不易变现的货物虽然市场价值高，但质押率会相对较低。

11.1.2 可存放第三方仓库

存货质押授信的存货监管地一般为借款企业的生产地，由监管人员实地监管。但实地监管会给银行带来很大的风险，所以银行常会要求借款企业用不动产和动产结合质押的方式来融资。这时，就出现了融通仓。

融通仓的货物监管地一般为第三方仓库。"融"指金融，"通"指货物的流通，"仓"指物流的仓储。融通仓与存货质押授信原理相似，借款企业将第三方仓库中的原材料、半成品或成品作为担保，并设置一个商品库存界限，在经营的过程中，借款企业以款易货或以货易货，只要保证最低的商品库存界限即可。

这种方式要求第三方物流企业首先要有自己的仓库，其次还要提供货物运输、价值评估、流动监管、存货保管等服务。因此，第三方物流企业的资质也会成为融资前的一个重要参考因素。

融通仓操作流程如图 11-1 所示。

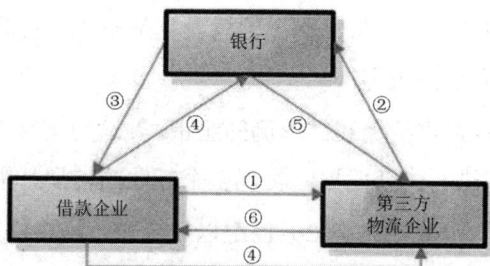

图 11-1　融通仓操作流程

① 借款企业、银行和第三方物流企业签订协议，借款企业将其质押物存放到第三方仓库。

② 第三方物流企业在核定完货物的价值后，向银行出具动产质押证明，告知银行发放贷款。

③ 银行根据动产质押证明和相关材料及货物，按一定的质押率为借款企业发放贷款。

④ 借款企业可按自身需要使用货物，然后分阶段向银行偿还资金换取货物的所有权或向第三方物流企业补充等价的新货物来维持仓库库存。

⑤ 银行告知第三方物流企业向借款企业发放资金或补充货物。

⑥ 借款企业将第三方物流企业发出的货物用于企业经营。

在这个模式中，银行是资金提供方，借款企业是资金需求方，第三方物流企业是第三方仓库的提供方。这种融资方式适合融资规模较小、融资期限较短的企业，也适合产品具有较强季节性的企业。

11.2　存货质押融资的分类

存货质押融资主要分为仓储融资、信托收据融资、质押单存货融资、提货担保融资四大类。这四类融资方式适应了多元化市场经济的发展趋势，对中小微企业的发展起着重要作用。

11.2.1　仓储融资

如今，全国仓储企业的数量大幅增加，从业人员也变得越来越多。随着我国经济结构的转型升级，"一带一路"的建设更是拓宽了仓储行业的市场前景，仓储行业的发展迎来了新机遇。

仓储行业作为连接供给侧和需求侧的纽带，要适应新常态的要求，围绕"互联网+仓储"的模式进行创新发展，实现整个行业的转型升级。

仓储融资属于结构融资，是 20 世纪以来金融市场中最具生命力的融资方式之一。我国的仓储融资业务起源于广东、江苏、浙江一带，业务集中在生产制造企业、物流和贸易企业聚集的地区。

仓储融资是指借款企业把存货放在指定的仓库中，让第三方物流企业代为保管，存货出售的货款汇入银行账户直接抵消贷款。第三方物流企业一般会聘用管理人员对库存货物进行监督和管理。

仓储融资的融资结构包括质押存货的产权结构、融资金额和偿还结构、费用结构、风险规避结构。这些结构是由银行、借款企业和第三方物流企业共同制定的，以合约的形式体现。另外，仓储融资还可以针对不同的客户制定不同的融资结构。

11.2.2　信托收据融资

信托有一定的资源整合能力。产业、资金、资产等不同种类的经济资源都可以通过信托平台，整合成更加强大的生产力。一些企业拥有的主要是技术等无形资产，通过信托平台，就能实现技术、资金、管理的整合，逐渐形成雄厚的产业资本，将企业的发展推向一个新高度。

信托有组合多种投资标的的能力。股权融资、债权融资和收益权融资分别对应金融机构的股权、债权和收益权三类投资标的，信托赋予了其灵活的产品设计能力，创新了融资模式。例如，"夹层投资模式"是"股权加债权"的模式；"财产权信托模式"是以项目未来的收益权为标的的模式。

信托的风险控制方式多元。首先，项目的未来收益存在不确定性，有可能不产生收益或产生的收益数额低于预期的数额。在"股权加债权"的模式中，针对这一风险，信托公司作为受托人可以介入借款企业的管理，拥有项目事中管理的表决权，监督项目各方履约，从而降低风险的发生率。其次，信托制度独有的"信托财产独立性"能使信托公司主动隔离项目取得的收益，防止资金被挪用，确保项目收益。最后，"差额补足"是信托业务中一种有效的担保法律关系。在项目立项阶段，除了评估项目的还款来源，信托公司还要对借款企业的实际控制人、控股股东、重要利益方等的信用状况进行评估，确保风险控制方式更加多元。

信托收据是银行在动产融资中常用的法律文件，主要用于进口押汇等融资业务，后银行又将其应用到国内信用证等贸易融资业务中。

信托收据融资的操作模式并不复杂。委托人以担保债权为标的向受托人提供融资，二者以信托收据为凭建立信托法律关系。之后，委托人把货物所有权凭证及货物交给受托人，受托人则有权占有、管理和处置该货物，并将所得的价款交给委托人用来清偿债务。

11.2.3 质押单存货融资

一般来说，借款企业的存货大多处于流动状态，而借款企业也常会保留部分存货。第三方物流企业会对借款企业的销售活动进行监督，并定期签发给银行一份文书，表明借款企业还剩多少库存能用于质押。只要库存足够，借款企业就可以向银行申请贷款。

这里的第三方物流企业实际上是代替银行监管借款企业还剩多少库存可以用来偿还贷款的机构，银行据此了解借款企业的还款能力，之后向借款企业发放贷款。

11.2.4 提货担保融资

提货担保指的是未收到货运单据，而货物已到达目的地时，进口商可申请提货担保，让承运商先提货，待取得单据后，再用正式单据换回提货担保函。

在办理提货担保业务时，申请人要先向银行提交申请书、到货通知、预先提货保证书及提单和发票等材料的复印件，银行审核后确保所提货物的归属。之后，申请人还要在申请书上保证承担船公司收取费用可能遭受的损失。在与日本、韩国及东南亚等近洋地区的贸易往来中，常会出现提货担保的情况。因为随着运输业的发展，这些地区到我国的运输时间大幅缩短，所以常出现货物比单据先到达目的地的情况。

　　提货担保的实质是一种保函，银行作为担保人要承担一切风险。因此，银行在办理提货担保业务后，会要求进口商对于事后收到的单据，无论准确与否，均不得拒付费用。同时，有些不能控制货权的信用证，银行常拒绝为其办理提货担保。有些银行会要求进口商出具信托收据，说明货物在赎单之前归银行所有，并承担银行可能面临的一切损失。

　　提货担保融资实际上就是"先下货后补票"，这样可以缩短商品上市的时间，占领市场先机，短时间缓解企业资金周转困难的问题。因此，提货担保融资也是一种变相融资的方式。

第 12 章

融资的四大步骤

融资入门其实并不难，简单来说，分为准备商业计划书、尽职调查、价格谈判、确定投资条款清单并签订投资协议四大步骤。创始人只有掌握了融资的这四个基本步骤，才能稳步获得融资，规避一些不必要的风险。

12.1 准备商业计划书

商业计划书是公司为了达到招商融资的目的，在有关资料的基础上编写的，向投资人展示公司目前状况和发展潜力的书面材料。商业计划书一般为书面形式，详细介绍公司的各个方面，其目的是向投资人反映公司的投资价值，以吸引更多的投资。准备商业计划书是申请融资的一个重要环节，因此商业计划书应内容详尽、实事求是、通俗易懂。

12.1.1 业务简介

很多创始人将自己的融资失败归咎于资本寒冬的到来，然而事实并非如此，资本市场中的钱并没有少，只不过投资人在挑选项目时要求更加严苛了。在这种情况下，优秀的项目和创始人将无所畏惧，但更多的创始人将在洗牌中被无情淘汰。

那么，该如何介绍你的项目，从而吸引投资人呢？说清楚产品定位和用户痛点非常关键。

业内曾流传着一个陈述产品定位的公式，即"产品的存在针对×××人群

+描述潜在用户人群+产品属于×××类别+核心卖点+与竞争对手产品的主要区别"。这个公式可以为大部分的产品提供清晰的定位。

产品名字、品牌信息及产品特征都源于产品定位，所以投资人非常看重这部分内容。好的产品定位可以帮助创始人吸引投资人的眼球。有人曾说过："如果在商业计划书里对产品定位陈述精准，对方将对你公司的一切有一个清晰的印象。"下面是陈述产品定位的三个步骤。

1. 先看目标市场

目标市场就是对市场进行细分后选择出的市场，即明白产品是给谁用的。这是陈述产品定位的第一步。

2. 找出用户痛点

产品所满足的用户需求就是用户痛点。简单地说，痛点就是用户在正常的生活中遭遇的麻烦、纠结和抱怨，如果不能将这些问题解决，他们就会陷入一种负面情绪，从而感到痛苦。因此，用户需要一个解决方案来化解自己的痛点，使自己的生活状态恢复正常，产品也是因为化解了用户痛点才具有价值。这是陈述产品定位的第二步。

3. 分析差异化价值点

分析差异化价值点就是将目标市场需求、自身产品及竞争对手产品进行综合考量，提炼出自身产品的独特价值点的过程。分析产品的差异化价值点实际上是考虑产品的特性，以及如何让这个特性与产品的其他营销属性相结合的问题。乔布斯就是因为考虑到戴尔、康柏等办公电脑公司的竞争，为了实现差异化定位，才转变苹果电脑的产品定位的。这是陈述产品定位的第三步。

产品定位与四个因素有关：产品、公司、用户和竞争对手，即产品的特性、公司的资源、用户的需求与偏好、竞争对手的市场位置。创始人需要将这四个因素结合在一起考虑，然后准确描述出自己的产品/业务。

介绍完产品方面的信息，接下来还要向投资人证明为什么这个产品只有自己可以做好。

首先，介绍创业团队的优势。在创始人方面，名校、名企及知名项目的创业经历会给创始人贴上"优秀"的标签。即使没有标签也不要紧，创始人也可以具体说出自己在相关行业的经验及成就。在团队成员方面，要体现专人专用的思想。

一个合理的创业团队应当有绝对领导者、天才技术人员、行业资深人士、销售人才、理财专家五种人。人际关系资源也是团队的优势，如团队吸引了行业巨头的关注，与行业巨头建立了合作关系。

其次，介绍项目所在行业的情况。对投资人来说，项目所在的市场的前景如何将在很大程度上影响其投资决定。原因很简单，市场在未来 5～10 年的变化基本上是可以预测的，在这个基础上，投资人只要选择靠谱的创业团队，然后投入资金就能保证获益。

什么样的行业情况容易受到投资人的关注呢？首先，市场空间必须足够大，可以容纳百亿级别的上市公司。要想知道市场空间的大小，就必须分析当前市场中已有的上市公司的情况。创始人的经验如果足够丰富，就应当知道最好的创业机会源于与上市公司的业务、服务形成互补之处。

天奇阿米巴创业投资基金在投资内容产业服务平台——新榜时，其创始合伙人严天亦是这样说的："越来越多的创业公司选择在微信、微博和其他第三方平台上发展，而不是马上就开始发布一个 App。这种模式必然需要一个中立、权威的数据平台来支持，新榜横跨多平台的数据统计分析系统恰恰是一个非常好的选择，并且其建立在先发优势的基础上，后期会有很多衍生服务，这些服务会为我们提供很多宝贵的 Know-How（专有技术）。"

总而言之，创业团队越优秀、项目的市场空间越大，项目就越吸引人。一个明星创业团队加上大量级的需求，就算商业模式还不明确，这个项目也是非常吸引投资人的，因为有用户就有转化。

12.1.2　经营计划

在经营计划部分，投资人需要知道公司已经投入多少资金、计划再投入多少资金，这会帮助投资人对投资总额有一个大致的判断。产品研发需要的总资金可以根据产品研发支出预算计算得出。产品研发经费支出预算如表 12-1 所示。

表 12-1　产品研发经费支出预算

科　　目	预　　算
新产品设计费	
工艺规程制定费	
研究设备及设施折旧费	
用于研究开发的一次性仪器和设备购买费	

续表

科　目	预　算
用于研究开发的原材料、半成品试制费	
技术图书资料费	
中间试验费	
研究人员工资	
外包研究费	
与技术开发有关的其他费用	
合计	

根据产品研发需要的总资金与已投入资金，可以计算出经营计划的再投入资金。

北京迅杰科技有限公司制作的商业计划书分两部分介绍了经营计划的投入情况。

第一部分是投资组合方式。该商业计划书描述道："在产品研发过程中，大量的资金周转使创业团队很难单凭自身的经济实力进行产品研发。本项目产品研发需要的总资金为 600 万元，研发周期为 2 年，这是一个研发周期较长、资金投入量较大的研发项目。所以，我们一般运用多种投资组合，一方面可以减轻融资的压力，帮助资金流通；另一方面可以相对降低创业的风险，顺利研发产品。本项目产品研发的资金来源有两个渠道：一是自有资金，二是社会融资。"

第二部分是资金运作方式。该商业计划书描述道："自有资金全部用于产品研发，还缺少的资金可向社会融资。本项目产品研发需要的总资金（含资金利息）为 600 万元，自有资金为 120 万元，占总投资的 20%；计划再投入资金为 480 万元，占总投资的 80%。"

任何公司融资的目的都是发展壮大、提高市场占有率，因此在经营计划部分，创始人需要写清楚具体的财务规划，如采购原料花费、广告投入花费、租用场地花费等。

12.2　尽职调查

尽职调查也称审慎调查，是指在融资的过程中，投资人对目标公司的经营状况、潜在风险、财务状况等进行的一系列调查。尽职调查的主要目的是了解目标公司的基本状况，它既是投资人防范风险的一种方法，也是融资过程中的一个重要环节。

12.2.1　办公场地及规模调查

尽职调查一般包括市场调查、法律调查、业务调查、财务调查、人员调查等。其中，市场、业务、人员方面的调查可以聘请专业人员来完成，也可以由投资机构内部的人来完成；但法律调查通常要请专业律师来完成，财务调查则要请专业审计师来完成。

尽职调查从开始到结束一般需要几个星期的时间，只有少数经验丰富的专业投资机构只需要进行几天的现场调研就可以做出最终的投资决定。在尽职调查的过程中，投资人首先会给创始人发一份几页到几十页不等的尽职调查清单，要求其提供目标公司的历史变更、重大合同、财务报告、财务预测、管理人员背景、供应商及客户名单等资料。然后，投资人会仔细参观目标公司的办公场地，与目标公司的高层管理人员交谈。

办公场地及规模调查是非常重要的，可以帮助投资人对项目进行大致判断。目前，国内很多互联网投资项目无法做到实地考察，这在无形中提高了投资人的投资风险。

如果目标公司在本地，投资人就可以通过实地考察判断公司的具体实力。如果目标公司诚信融资，就会欢迎投资人实地考察。投资人的这种做法在很大程度上降低了融资诈骗的可能性。

每位投资人都希望投资一家优质公司，但判断一家公司是否优质，不能仅从办公场地、占地规模、员工数量等条件入手。虽然这家公司的办公场地很大，外表看起来光鲜亮丽，但其可能存在内部股权混淆、销售业绩持续下滑等问题。所以，投资人还需要进行客户及供应商调查、财务调查，从内到外了解目标公司的各项要素，作为其投资的判断依据。

12.2.2　客户及供应商调查

为了解目标公司的经营状况，投资人会调查目标公司的客户及供应商，印证目标公司资料的真实性。

客户调查的方式包括网络调查、电话询问、实地访谈等。在客户调查中，投资人需要重点核实客户的实际采购量、采购价格及客户对目标公司和其产品的评价。

核实客户的实际采购量和采购价格能体现出目标公司公开的信息的真实性；客户对目标公司和其产品的评价也是投资人评判目标公司经营能力的重要指标。

在供应商调查中，投资人会关注供应商的办公环境，还会关注供应商的产能、销量和销售价格等经营数据。另外，供应商对目标公司的评价也是需要关注的，这可以作为与目标公司公开的信息进行对比的基准，评判供应商是否有实力和目标公司进行商贸往来。

与此同时，除了传统意义上的供货商，投资人还会调查为目标公司提供审计和法律咨询服务的会计师事务所、律师事务所等机构。

尽职调查是投资人在开展投资前的风险管理手段，就像显微镜一样，它能反映出目标公司各方面的情况及潜在风险，从而确保投资人能够在评估投资风险、提高投资成功率的同时保证投资收益，而客户及供应商调查则是尽职调查中比较重要的部分。

12.2.3 财务调查

目标公司财务是投资人尽职调查的重要内容，因为财务往往能反映目标公司的经营现状及存在的各种问题。因此，创始人需要在财务方面做好准备，将财务报表等投资人一定会查看的资料整理好，以免到时候手忙脚乱，给投资人留下不好的印象。

1.1.3 节提到公司财务报表包括资产负债表、利润表和现金流量表三种。资产负债表的作用是反映公司某一时期的财务状况；利润表的作用是反映公司某一时期的利润分配情况；现金流量表的作用是反映公司现金变化的结果和财务状况变化的原因。投资人在对目标公司进行财务调查时需要分别对这三个表进行分析。

1. 资产负债表

资产负债表必须遵循的基本结构为"资产=负债+所有者权益"。不论公司发生何种变化，这个资产平衡式永远是成立的。公式左边代表的是公司当前拥有的资源，公式右边代表的是公司的不同债权人对这些资源的要求。

公司的债权人享有对公司全部资源的要求权，公司以全部资产为担保，对不同债权人承担偿付责任。公司的资产净值就是在偿付完全部的负债之后，剩余的所有者权益。通过分析资产负债表中的资料，可以清楚地看到一家公司资产的分布状态、负债和所有者权益的构成情况。

资产负债表也是评价一家公司营运资金与财务结构是否正常、合理及公司的变现、偿债、承担风险、获利能力高低的重要根据。

资产负债表主要包括四大负债要素，分别为流动资产、长期投资、固定资产和无形资产。分析这四大负债要素，可以从以下三方面入手。

（1）流动负债分析

资产负债表反映了公司所有的负债项，投资人会据此对项目进行流动负债分析。

（2）长期负债分析

长期负债主要包括长期借款、应付债券、长期应付款项等，投资人会据此分析项目的长期负债。

（3）股东权益分析

股东权益包括股本、资本公积、盈余公积和未分配利润四个方面。通过股东权益分析，投资人可以看到公司现有各类资本投入的不同形态、股权结构及各要素的优先清偿顺序等。

以从事酒类生产的公司为例。酒类产品的保存期限比其他产品长得多，即使酒类产品的存货仅占总资产的 15%，公司存货跌价的状况也不易发生。

2．利润表

利润表的编制依据为"收入−费用=利润"。利润表主要反映了公司在一定时期内营业收入减去营业支出之后的净收益，它是评估上市公司经营业绩、管理程度及投资价值和报酬的重要依据。

利润表包括两部分：第一部分反映了公司的收入及费用，将公司在一定时期内的利润或亏损额写出来，用以判断公司的经济效益及盈利能力、评价公司的管理业绩；第二部分反映了公司各种利润的来源有哪些，并说明了公司各种利润来源在利润总额中所占的比例及各种利润来源之间的相互关系。

投资人在分析利润表时，首先会分析收入项目。公司通过销售产品、提供劳务获得各项营业收入，也可以将资源提供给他人，从而获取租金与利息等营业外收入。收入的增加，意味着公司资产的增加或负债的减少。收入项目包括当期收讫的现金收入、应收票据或应收账款，相关数据应当以实际收到的金额或账面价值为准。

其次，投资人会分析费用项目。收入扣除费用就是盈利，确保费用扣除正确是公司盈利的前提。因此，在分析费用项目时，投资人会看费用包含的内容是否正确。确认费用需要贯彻三项基本原则，即权责发生制原则、历史成本原则、划分收益性支出与资本性支出原则。

然后，投资人会分析费用的结构与增减变动趋势。费用的结构是指各项费用占营业收入的百分比，这个结构应当合理、适当；费用的增减变动趋势直接反映了公司的管理水平和财务状况。

最后，投资人会将利润表与公司的财务状况说明书结合起来。说明书中的内容包括公司的生产经营状况、利润实现和分配情况、应收账款和存货周转情况、各项资产变动情况等。

3. 现金流量表

现金流量表中的信息是公司现金流入与流出的信息。现金流量表所指的"现金"不仅是公司财务部门里的现钞，还包括银行存款、短期证券投资、其他货币资金等。现金流量表中记录的公司经营活动、投资活动、筹资活动所产生的现金流量是投资人分析公司的变现能力和支付能力的重要依据。通过分析现金流量表，投资人能够了解公司的生存能力、发展能力和适应市场变化的能力。

（1）分析公司的现金净流量

如果公司当前的现金净流量增加，则说明公司的短期偿债能力较好、财务状况良好；反之，则说明公司财务困难。如果公司当前的现金净流量过多，则说明公司没有有效利用这部分资金，造成资源浪费。

（2）分析公司的经营活动产生的现金流量

公司的主营业务是经营活动，经营活动是公司获得现金流量的主要手段。经营活动产生的现金流量越多，证明公司的发展越稳定。公司的投资活动与筹资活动都是服务于经营活动的，这两种活动所产生的现金流量过多证明该公司财务的稳定性较差。

（3）分析公司的投资活动与筹资活动产生的现金流量

在分析公司的投资活动与筹资活动时，应当注意公司是对内投资还是对外投资。如果对内投资的现金流出量大幅增加，则证明公司的固定资产和无形资产正在增加，公司正在扩张，其成长性较好；如果对内投资的现金流入量大幅增加，则证明公司的经营活动没有充分利用现有的资金，资金的利用率需要提高。

如果对外投资的现金流出量大幅增加，则证明公司正致力于通过非主营业务活动来获取利润；如果对外投资的现金流入量大幅增加，则证明公司现有的资金不能满足经营需要，从外部引入了资金。

一家拟上市公司 A 公司聘请律师对其进行尽职调查。在调查的过程中律师发现，A 公司曾以设备、软件进行增资，增资额达 500 万元，但公司未能提供发票、合同、付款凭证等资料，仅在增资时提供了评估报告。

此时，由于无法确认该设备及软件属于 A 公司，因此存在股东出资不实的风险，相关部门可能在未来要求公司对该次增资进行补足。之后，律师查阅了公司财务报表中的固定资产明细账及台账、无形资产明细账及台账、其他相关记账凭证，发现该设备及软件均已入账。同时，通过核查设备报废单，确认该设备已逐年报废；通过对留存的设备及软件进行拍照取证，证明公司出资到位。最后，律师建议公司股东出具承诺书，对公司实物出资的行为进行承诺及担保，消除出资不实的风险。

虽然投资人在尽职调查中发现了很多问题，但只要问题不大，通常不会影响投资人做出投资决定，但投资人会要求创始人把发现的问题解决好，然后他们才会投资。如果投资人发现了重大问题或不可解决的问题，那么投资人一般会直接放弃投资。比如，投资人发现目标公司使用的技术成果是从其他公司窃取的或目标公司当前官司缠身等。

尽职调查不仅是目标公司证明自己、拿到融资的机会，也是目标公司发现问题、解决问题的机会。面对流程烦琐的提问和查证，创始人应当积极配合，不能敷衍了事，指望蒙混过关。

12.3　价格谈判

在融资的过程中，价格谈判十分重要。在这个过程中，不仅要评估价值，还要评估风险，综合二者进行分析，目标公司才能获得双方都满意的融资资金。谈判是一门艺术，创始人必须理智地对待，而不能让感性支配，这既是对投资人的尊重，也对自己项目的尊重。

12.3.1 评估价值

评估价值，即估值，评估目标公司价值的方法有六种，如图 12-1 所示。其中，市盈率法是比较常用的。

1.市盈率法（P/E）	4.撇脂定价法
2.市销率法（P/S）	5.重置成本法
3.修正市盈率法	6.市净率法（P/B）

图 12-1 评估目标公司价值的方法

市盈率指的是根据有关折现率计算出来的目标公司盈利能力的现值。市盈率法主要从以下两个方面入手。

1. 选择可比公司

可比公司应该与目标公司相同或相似，而且越相似越好，一般选择在行业、主营业务或主导产品、资本结构、公司规模、市场环境及风险程度等方面与目标公司相同或相似的公司。

2. 确定比较基准

比较基准一般为目标公司的基本财务指标，包括每股收益（市盈率倍数法）、每股净资产（净资产倍数法）、每股销售收入（每股销售收入倍数法）等。

市盈率法计算目标公司估值的公式为"价值=（P/E）×目标公司的可保持收益"。目标公司的可保持收益指的是融资以后继续经营所取得的净收益，一般以目标公司留存的资产为基础来计算。

市盈率法的特点有三个：第一，市盈率法将股价与当期收益联系起来，是一种比较直观、易懂的统计方法；第二，对大多数公司来说，市盈率法计算方法简单、数据查找方便，同时便于公司之间互相比较；第三，市盈率法能反映公司的许多特点，如风险和增长潜力等。

在价格谈判的过程中，计算目标公司的估值是一件大事，创始人应适当地向投资人妥协。在谈判时，创始人的报价最好高于预期的底牌，这样可以为后面的谈判留出周旋的余地。一旦进入谈判流程，投资人会不断降低价格，所以创始人最初应当报一个高于预期的价格。

在估值的过程中，明确估值是投资前的还是投资后的非常重要。最初，投资人都是以投资前估值为依据进行投资的。知道投资前估值和投资人的出资额后，就可以计算出公司的投资后估值了。公司的投资后估值的计算公式为"投资后估值=投资前估值+出资额"。

比如，公司的投资前估值为 2000 万元，投资人的出资额为 500 万元，那么其投资后估值就是 2500 万元，而投资人的占股比例为 20%。

随着新一轮融资活动的发起，参与投资的投资人数量增加，投资人获得的股份会越来越少。依然是上面的例子，如果其他投资人跟风投资，有一位跟投人投 100 万元，还有两位跟投人每人投 200 万元，那么该公司的投资后估值就变成了 3000 万元，而第一位投资人的占股比例就变成了 16.67%。

在这种情况下，投资人就会与目标公司产生纠纷。因此，使用投资后估值变得非常重要。在投资后估值确定以后，不管跟风投资的投资人有多少，第一位投资人的占股比例都不会变。

12.3.2 评估风险

评估项目风险是价格谈判的一个重要环节。项目的抗风险能力直接影响了项目的成败，准确度量、评估项目风险有助于保障投资各方利益。

众所周知，所有的投资都符合一个规律，即风险和回报是成正比的。如果项目处于种子期，即刚刚有一个商业计划，则此时项目成功的概率只有 0.1%，风险比较高，因此投资人此时的要求就比较高，即用比较少的钱换比较多的股份。在这种情况下，一旦公司做到上市，投资人就能拿到至少 20 倍的回报。也就是说，现在投 1 元进去，等公司上市时就会变成 20 元或更多。如果没有这么高的投资回报率，那么很少有投资人会愿意承担这么高的风险。

当做出产品以后，项目风险就会随之降低，这时再融资，投资人的要求也会降低。如果公司做到上市，那么投资人的回报可能会降到 10 倍。

当公司已经初具规模，且已经在行业内有了一定的影响和地位时，项目风险又会进一步降低，此时再融资，投资人的要求会更低，此时的投资回报率要比种子期的投资回报率低很多。

因此，在与投资人谈判的过程中，创始人要明确自己的项目风险有多高，争取以对等的方式拿到融资。比如，创始人计划融资 500 万元，而公司的投资前估值也恰好为 500 万元左右，那么创始人在价格谈判时就应尽量争取自己与投资人各占 50%的股份，不要过于压低自己的价格导致将来蒙受损失。当然，对融资金额过于苛求也是不可取的。

创始人在融资前应预先有一个目标和期望的浮动范围，如果无法与投资人在价格上达成一致，则可以通过调整占有股份等方式进一步沟通。需要注意的是，一定不要在融资金额上过于苛求。

12.4 确定投资条款清单并签订投资协议

创始人与投资人就融资金额达成一致后，创始人会收到投资人发送的投资条款清单，双方开始沟通融资事宜。投资条款清单在正式的投资协议之前签订，约定了正式的投资协议的主要内容。一般情况下，如果项目没有发生重大变故，那么正式的投资协议与投资条款清单的内容相差不大。但与正式的投资协议不同的是，投资条款清单不具有完全的法律效力，这一点需要特别注意。

12.4.1 股份分配方案

在协商投资条款清单的最后阶段，股份分配是一个重大问题。那么，融资后该怎么进行股份分配呢？接下来，通过一个案例分析一下融资后创始人与投资人之间的股份分配方案。

A 科技公司是这样建立起来的：工程师 B 和 C 发明了一种创新 IT 技术，两人通过专利申请及各种模拟实验来证明这种技术的性能。

然而，项目的实施并不理想。随后，精通商业分析的 D 将这种技术转化为商业计划，并加盟该公司共同开发市场。于是，A 科技公司出现了第一次股份分配。之前，B 和 C 各占公司 50%的股份和投票权，但是 D 撰写了可行的商业计划书，因此他将获得公司 20%的股份。此时，初期的股份分配方案如表 12-2 所示。

表 12-2 初期的股份分配方案

持　股　人	股　份　比　例
B	40%
C	40%
D	20%

不久之后，B 和 C 找到一位天使投资人。通过评估，天使投资人与 B、C、D 三人共同协商了融资金额，并占股 15%。同时，天使投资人提出了一系列要求，包括公司注册股票数量、内部核算每股价格等。由于 A 科技公司没有相应的资金或技术作为抵押，所以所有股东同意预留出 25% 的股份用于以下用途。

① B、C、D 三人根据其对公司的贡献大小获得一部分股份补偿。

② 在公司以后的发展过程中拿出一部分股份用于员工股权激励。

③ 包括 CEO 在内的公司高管获得一部分股份。

此时，天使投资人加入后的股份分配方案如表 12-3 所示。

表 12-3　天使投资人加入后的股份分配方案

持 股 人	股 份 比 例
B	24%
C	24%
D	12%
天使投资人	15%
股份预留	25%

通过这个案例，我们对创业公司的股份分配有了简单的理解。在股份分配时，该如何确定创始人和投资人的占股呢？以下是股份分配需要考虑的三大原则。

1. 按出资比例分配

从法律的角度看，股份比例应由出资比例决定。一般情况下，如果全部合伙人优势基本相当，则可以按照出资比例分配股份。出资比例在一定程度上决定了股份分配的大体架构，但还需要进行调整，因为在科技型、互联网型创业公司里，创意或执行力等都是比资金更重要的武器。

比如，A、B、C 三人创业，A 出资 10 万元，负责公司的整体运营；B 出资 10 万元，负责产品研发与维护；C 出资 80 万元，不参与公司运营。按照出资比例计算，A、B 各占 10% 的股份，C 占 80% 的股份。

这样的股份分配方案明显是不合理的。首先，C 不参与公司运营，却掌握着主要决策权，这样很难实现公司的有效运营。其次，出资最多的合伙人 C 占股比例过高，无法有效激励 A、B 全心全意把公司做大。

因此，创业公司在分配股份时，虽然要参考出资比例，但不能把出资比例作为股份分配的唯一参考要素。

2. 创始人应占有相对多的股份

公司创始人应占有相对多的股份，因为创始人是创业公司的灵魂，对公司负有更多的责任，只有创始人占有相对多的股份，才有利于创业项目的决策和执行。

下面是创始人具体分配的股份比例：第一，提出创意并执行应增加10%的股份；第二，组建创业团队应增加5%的股份；第三，创始人作为CEO应增加5%的股份；第四，创始人全职创业应增加5%～20%的股份；第五，使创业公司迈出第一步应增加5%～20%的股份；第六，创始人的信誉资产应增加5%～20%的股份；第七，根据现金投入多少增加占股比例。

3. 资源提供者应占有相对多的股份

创业过程中需要的资源非常多，但这些资源的价值各不相同。有些项目的启动依赖某位合伙人的专利，有些项目最重要的是创意，有些项目最重要的是推广渠道资源，还有些项目仅仅依靠某位创始人的信誉。对于价值不高的资源，创始人不应用公司股份去交换；对于提供高价值资源的人，应当提升其股份比例。

对于长期资源提供者，应当考虑利益合作分成、利益与贡献的累进制分成及适当比例的股份长期绑定，具体分配的股份比例应视资源对项目发展的重要程度而定。如果专业技术人员为全职创业，则应给予其较高比例的股份，并按照合伙人标准分期、分批给予其股份。

对外部核心资源合作者，可以通过建立期权池和虚拟股票进行行业绩激励和价值绑定。这种操作方式不需要进行工商登记变更，其股份由创始人代持或建立有限合伙企业代持。

12.4.2 优先权利分配方案

在协商投资条款清单时，如果投资人拿的是优先股，那么投资人会连带拥有一系列的优先权利。优先股是相对于普通股而言的，拿到优先股的投资人一般可以享受优先购买权、优先清算权及优先跟投权。对创始人来说，优先股已经成为投资行业默认的规矩，基本上没有谈判的余地。

1. 优先购买权

《公司法》第七十一条规定："有限责任公司的股东之间可以相互转让其全

部或者部分股权。股东向股东以外的人转让股权，应当经其他股东过半数同意。股东应就其股权转让事项书面通知其他股东征求同意，其他股东自接到书面通知之日起满三十日未答复的，视为同意转让。其他股东半数以上不同意转让的，不同意的股东应当购买该转让的股权；不购买的，视为同意转让。"

这说明，对于不影响公司稳定性的内部股东之间的股权转让，法律不进行强制性规定，允许其在公司章程内自由约定；但对于影响公司稳定性的股权外部转让，涉及利益方众多，故对外转让股权的股东需要征求其他股东过半数的同意并赋予其他股东优先购买权。

由于《公司法》对有限责任公司股权的内部转让及外部转让的规定不是强制性条款，而属于任意性条款，所以创始人与投资人关于优先购买权的约定优先于《公司法》的规定。

对创始人来说，如果股东享受优先购买权但没有期限限制，则一定会造成交易资源的浪费并进一步危及交易安全。对此，创始人在与投资人确定投资条款清单时，可以对优先购买权给予合理的期限限制。

2. 优先清算权

优先清算权是指在触发清算条款的情况下，投资人有优先清算的权利。也就是说，当公司发生清算时，投资人可以先根据协议规定拿走属于自己的投资款和利息，再按其持股比例对剩余款项进行二次分配。

下面我们通过数学计算看看享有优先清算权的投资人在公司发生清算时是如何分得资金的。

投资人投资 2000 万元，占股比例为 30%；公司可分配的净资产为 6000 万元，按投资款的 150%优先分配。则投资人应分得的资金如下：

① 2000 万×150%=3000 万元

② （6000 万-3000 万）×30%=900 万元

合计：3900 万元

在硅谷，大多数创始人在与投资人谈判时都可以把优先清算权的条款删除，但在中国很难。虽然很难，但是创始人依然可以试一试。如果删除不了此条款，那就要谈好其中的关键点。

首先，创始人需要明确优先清算权的激活条件。除《公司法》界定的公司清算、解散等事件外，诸如所有股东将公司全部股权或公司控股权转让的并购交易及公司把绝大部分资产或知识产权转让的资产处置交易，导致公司现有股东占有续存公司已发行股份的比例低于 50%等事件都会被视为清算事件。不管事实上有没有发生清算行为，这些事件都会被投资人要求按照优先清算原则分配从中获得的全部收益。

其次，创始人需要知道如何确定后续融资的优先清算权。在后续融资中，确定优先清算权的方法有两种。

第一种是将后轮投资人的优先清算权置于前轮投资人之上。比如，B 轮投资人的优先清算权＞A 轮投资人的优先清算权＞天使轮投资人的优先清算权。

第二种是所有投资人的优先清算权平等。比如，天使轮、A 轮和 B 轮投资人按持股比例获得优先回报。

一般情况下，风险投资人会要求采用第一种方法确定优先清算权。具体运用哪种方法与谈判技巧有关，但都不会对创始人产生影响，因为创始人的普通股不享有优先权。

那么，创始人如何争取对自己有利的优先清算权条款呢？关于优先清算权条款中的收益率，创始人一定要多次审核。在天使轮融资中，收益率必须往下压，因为后续融资的收益率会越来越高，如果天使轮融资的收益率比较高，那后面会高得越来越离谱。

在与投资人谈判时，创始人可以说零收益率，若投资人不同意，再慢慢往上加，但要有底线。建议在 A 轮融资时，收益率可以定为 120%～150%。

3. 优先跟投权

如果公司发生清算事件但投资人没有收回投资款，创始人自清算事件发生之日起 5 年内从事新项目的，则投资人有权优先于其他人对该新项目进行投资，而且投资人本次的投资款与清算事件中投资人没有收回的投资款相加，将视为对新项目的投资款。

下面我们通过数学计算看看优先跟投权是如何发挥作用的。

投资人投资 1000 万元，占股比例为 30%；公司可分配的净资产为 1000 万元，按投资款的 150%优先分配。则投资人应收回的投资款如下：

1000 万×150%=1500 万元

假设投资人实际收回的投资款为 1000 万元，不足部分为 1500 万-1000 万=500 万元。两年后，创始人二次创业，投资人优先投资 500 万元。此时，投资人对新项目的投资款为 500 万+500 万=1000 万元。

优先跟投权的激活条件与优先清算权的激活条件一样。除此之外，创始人还需要在公司清算后的 5 年内从事新项目。

除非这位创始人非常优秀，不然在创业公司清算结束的情况下，很少有投资人愿意再次投资这位创始人。

创始人在与投资人商定投资条款清单时涉及的法律问题颇多且比较棘手，因此创始人应当在融资之前就考虑好给投资人哪些权利。

12.4.3　协议签订

如果创始人带领的是一家初创公司，从来没有融过资，那么创始人需要在融资前多了解投资协议，因为没有经验的创始人很容易在签订投资协议时被投资人占便宜。创始人对投资协议的条款认识不足常导致双方签订的投资协议不对等。当然，这里的不对等是指赋予投资人更多的权利，很少保护创始人的权利。

比如，投资人在投资协议中要求了一系列特殊权利，如各种优先权、反稀释条款、对赌条款、回购条款、拖售权等。相应地，投资人也会给创始人设置一系列特殊条款。然而，与创始人权益有关的很多条款内容表述复杂，根本没有可操作性。无法落实的细则无异于空话，导致创始人很难据此维护自己的权利。

因此，创始人在与投资人签订投资协议时，一定要仔细对待签约条款。如果有条件，那创始人可以在签约前找一位专业律师仔细检查一遍。

如果创始人融资经验不足，没有深入了解过投资协议，那么一定要充分调动身边一切可用的人际关系资源。比如，身边有朋友前不久成功融资，创始人可以请他帮忙看看自己的投资协议是否有问题。与此同时，创始人应当尽力为自己争取更多的实用性、保护性条款，如过桥贷款、不排他条例、取消对赌等。

第 13 章

如何撰写精简版商业计划书

创业成功的敲门砖是项目本身的生命力，只有拥有一个能保持项目生命力的商业模式，才能让项目吸引投资人的目光，从而让企业在市场寒冬中存活下来。如何向投资人展示自己的商业模式？这就需要创始人有一份清晰的商业计划书。商业计划书的好坏是融资成败的关键。

13.1　投资人对商业计划书的期待

有好项目却找不到投资人，这是因为投资人没有发现项目的"好"。任何产品都需要推销，创业项目也不例外，没有人会对一个现状、收益、前景不明的"三无"项目感兴趣。投资人是很期待创始人有一份商业计划书的，这样他就可以轻易地了解项目的大致情况，缩短考察项目的时间，既不会错过好项目，也不会在差项目上耽误时间。

13.1.1　产品真正解决用户痛点

在创业的过程中，有相当多的创始人都认为自己抓住了用户痛点，然而事实并非如此。在市场调查时，很多用户可能表现出了痛点，但市场无时无刻不在变化，用户的痛点也在不断发生变化。因此，创始人在面对用户的痛点时，一定要谨慎对待。

其实，有些用户并不清楚自己的痛点。在市场调查时，用户对自己的痛点通常只有一个模糊的认识。当真正的产品生产出来后，他们才能判断自己是否需要这一功能。

例如，很早以前，用户以为自己需要的是一辆跑得更稳、更快、更舒适的马车，但是福特公司为他们提供了一辆汽车，这也解决了用户痛点，最终使福特公司获得了成功。

所以，创始人在融资时，要仔细思考用户痛点，斟酌自己是否真正抓住了用户痛点，避免陷入"痛点不痛"的创业陷阱。创始人可以从以下几个方面分析用户痛点。

1. 被同行忽略，但迫切需要解决的痛点

这就是所谓的创业蓝海。当然，并非每位创始人都能发现用户痛点，就算发现了用户痛点，也不一定能提出很好的解决方案。

2. 种类更丰富、选择更多样

在满足需求的基础上，用户更偏爱种类丰富、选择多样的产品。创始人可以以丰富产品种类为切入点，满足用户自由选择丰富多样的时尚产品的需求，从而实现成功创业。

3. 产品更实惠

在满足需求的基础上，用户更喜欢性价比高、更实惠的产品。创始人可以以降低成本为切入点，为用户提供更实惠的产品，从而实现成功创业。

4. 用户体验更好

用户都不喜欢复杂、讨厌浪费时间，他们都喜欢通过简单的操作实现其目的。创始人可以以提高效率为切入点，为用户提供节省时间的产品，提升用户体验，从而赢得用户的心，实现成功创业。

那么，具体该如何找到用户痛点呢？下面以拉勾网为例进行阐述。

拉勾网是一家专为资深互联网从业者提供工作机会的招聘网站。从需求定位和用户体验来看，拉勾网发现了真正的用户痛点。

拉勾网成立于 2013 年 7 月，其融资过程如下：2014 年 3 月，获得贝塔斯曼亚洲投资基金投资的 500 万美元 A 轮融资；2014 年 8 月，获得由启明创投领投、贝塔斯曼亚洲投资基金跟投的 2500 万美元 B 轮融资；2016 年 3 月，获得由弘道资本领投，启明创投、荣超投资等跟投的 2.2 亿元 C 轮融资；2017 年 9 月，获得 1.2 亿美元的 D 轮融资，投资方为前程无忧，泰合资本担任此轮融资

的独家财务顾问。

如今，很多互联网公司都将拉勾网作为招聘互联网高端人才的必争之地，包括百度、京东、腾讯等上市公司。

在线招聘市场既有智联招聘等传统招聘网站，也有赶集网等发力低端市场的招聘网站，而主打互联网行业高端职位的拉勾网就显得与众不同。

拉勾网联合创始人马德龙在做 3W 咖啡时，认识了很多创始人朋友。融资和招人是他们交流的永恒话题。对 3W 咖啡来说，帮创始人找到资本是非常容易的，但在招人方面就显得比较困难了。于是，马德龙在此基础上进行延伸，通过 3W 咖啡在互联网行业的影响力和线上资源进行在线招聘，帮助互联网公司寻找最优质的人才。

马德龙曾经做过腾讯 QQ 的产品经理，积累了很多打造优秀产品的方法。在打造拉勾网的过程中，马德龙称其主要运用了以下四招：以用户为中心、场景化、寻找产品杠杆、偏执的信念。

拉勾网能够获得用户的认可，原因是它以用户为中心，站在用户角度思考使用场景。每一次使用、每一个操作，拉勾网都会都进入用户的使用场景，考虑用户的想法与做法。

例如，智联招聘上有一家叫作"北京三快在线科技有限公司"的公司招聘软件工程师。所有的求职者在看完"北京三快在线科技有限公司"的招聘信息之后，第一反应基本上都是"我才不去一个快递公司做工程师呢"。然而，他们不知道的是，这家公司其实是美团网。

从求职者的角度来思考，在浏览招聘信息时，他们更希望在第一时间得知更多、更全面的信息，包括公司最大的优势是什么、职位要求是什么、公司能提供的薪资待遇是多少。从这个视角看产品设计，呈现的逻辑就完全不同。

在互联网行业，人才的需求量与供给量是不平衡的。因此，在资源有限的情况下，拉勾网把全部精力投入用户端的产品服务中，使所有的市场资源都向用户端倾斜，而用户便会在拉勾网聚集，企业也会被吸引过来，这就是产品杠杆。对拉勾网来说，3W 咖啡、用户、微信等都是产品杠杆。

在追求产品细节、用户体验的过程中，偏执的信念发挥着重要作用。偏执才能获得用户的好口碑，才能让用户的情感向自己倾斜。比如，拉勾网在设计新版本的填写用户注册信息的页面时，原来的文案是"请填写你的基本信息"。

产品团队讨论之后，认为这个文案没有情感、没有温度，于是花了整整一天时间想了一个新文案，最后确定的文案是"留给我们一些信息，让我们更好地了解你"。虽然改变很微小，但是他们用情感与温度获得了更优化的用户体验。

与上线之前相比，拉勾网上线之后在线招聘市场发生了三大变化：一是用户的求职可以得到反馈；二是用户在 24 小时内能得到极速入职的反馈；三是资本市场开始关注招聘领域，大量资本涌入该领域。拉勾网带来了前两个变化，而前两个变化是第三个变化的导火索。

13.1.2　专注细分市场，找准切入点

自"互联网+"和"大众创业、万众创新"理念提出之后，互联网创始人便如雨后春笋般涌现出来。在过去几年，很多基于互联网，尤其是移动互联网的创业项目很容易获得投资人的青睐，似乎随便创建一个公众号和 App，讲一讲故事就能获得投资。

然而事实并非如此，大量的移动互联网创业项目由于没有找到可持续发展的模式，已经消失在大众视野中。在这种情况下，投资人开始小心、谨慎起来。

为了应对这种局势，创始人应重视较小的、需求未得到充分满足的细分市场，并把个性化的产品或服务带入这个细分市场，满足这部分特殊用户群的需求。一个小的切入点就可以帮助创始人在某一领域大展拳脚，并且能够避免激烈的竞争带来的烦恼，如果创始人能够找到这样的切入点，就可以打开一个空白市场。

切入点是不易被人察觉的，创始人需要去发现、去开拓、去独占它。如果细分市场是不可持续的、明确的，就不能为企业带来足够的利润。此时，如果盲目进入，就会被市场淘汰。所以，识别细分市场的切入点对创始人来说至关重要。如今，许多人已经找到了属于自己的市场空白点，并且成功创业。

日本钟表商在进军美国市场时，对美国钟表市场进行了认真研究。他们了解到，31%的用户对优质名表有狂热追求，46%的用户喜欢性价比高、价格适中的表，另外 23%的用户对价格较敏感，他们不在乎质量，只要便宜就好。

美国泰梅克斯公司的产品主要针对第一类细分市场，另外两类细分市场却无人问津。在高档钟表方面，日本钟表商知道自己敌不过泰梅克斯，于是选定了中、低档钟表市场作为切入点，推出了价廉物美的产品，乘机攻入了美国市

场，获得了较高的市场份额。等泰梅克斯意识到这种状况，决定攻入中、低档钟表市场时，日本钟表商已经站稳了脚跟，形成了不可动摇的局势。

在巨大的市场中，没有一个企业可以包揽一切，市场表面上看似饱和，但其实存在很多的空隙。创始人要有灵敏的嗅觉，能够在细微之处察觉市场需求，然后对市场进行调查研究，选准市场的切入点，快速推出新产品占领市场，为企业创造收益。

只有把一件事情做好了，才能在一个细分领域里毫无疑问地干到第一名。可以说，专注细分市场、找准切入点是创始人打开成功大门的钥匙。

13.1.3　团队的运营功力深厚

团队在很大程度上决定了创业成功的可能性，一支强有力的管理团队是很容易吸引投资人的。团队成员如果具备专业的技术知识、卓越的管理能力和丰富的工作经验，其获得投资人的投资就更容易一些。

企业管理团队介绍是商业计划书中重要的组成部分。所以，在撰写商业计划书时，要重点介绍企业的管理团队及相关职责，然后介绍团队中每位管理人员的特殊才能、特点。在此基础上，还要将每位管理人员为企业所做的贡献进行细致的描述。

在介绍企业管理团队时，要重点介绍其中的核心团队，突出表现核心团队成员的从业经历和擅长领域，吸引投资人的注意。

除了对核心团队进行介绍，商业计划书中还需要体现企业技术、销售、运营等方面的核心骨干成员。对团队成员的互补性和完整性进行展示会增加企业的融资筹码。

13.1.4　预期回报率高

投资本质上是一门"钱生钱"的生意，没有不以赚钱为目的的投资。每个投资人决定投资一个项目的目的都是赚钱，没有人单纯为了做贡献而投资一个项目。所以，只有当项目的预期回报率高时，这个项目才有可能受到投资人的青睐。

一个项目的商业模式在一定程度上反映了投资人未来能够获得的回报。投资人如果在创业项目的商业模式上能看到未来盈利，那么他一定会毫不吝啬地投钱，因为这预示着非常高的预期回报率。

想要判断项目的商业模式是否清晰，需要问自己以下几个问题：我的项目靠什么赚钱，产品还是服务；我的项目是从现有产业中挖掘需求还是创造新需求；谁为我买单；我该如何销售；从产品生产到终端消费，中间要经历几个环节，有没有减少中间环节的方法；随着市场不断扩大，产品的边际成本会不会降低？

如果创始人能用一句话概括自己的商业模式，那么其获得投资的可能性会非常高。进一步分析商业模式包括分析自己的项目处于产业链的哪个位置、整个产业链中包含哪些不同的项目及其区别是什么、自己的产品与用户的关系是否存在黏性等，所有这些都会影响投资人对项目的预期回报率的判断。

13.1.5　投资风险低

众所周知，投资有风险。然而，任何一位投资人都希望尽可能降低自己投资项目的风险。只要项目的风险在可控的范围内，投资人都是愿意接受的，只有那些风险不可控或很难控制的项目才真正具有风险。所以，有智慧的投资人会寻找风险可控的项目进行投资。

事实上，任何人都无法预测未来。面对投资风险，投资人能够做的就是拿到一手数据，为自己的投资决策找到靠谱的依据。而创始人作为最大的风险承担者，也希望将创业风险控制到最低。

所以，对创始人来说，为了将创业风险降到最低，必须更加精准地定位自己的商业模式。创始人在没有充分了解项目的不确定部分时，可能会对市场、团队及自己的商业模式盲目自信，致使企业"走错路"。但如果创始人能够认识到项目的不确定部分，就可以计算出最大亏损范围，将创业风险数据化。这样做不仅可以帮助创始人看清前路的艰辛，提前做好规划，还可以让投资人更迅速地做出投资决策。

一位优秀的创始人会将项目的确定部分和不确定部分明确地告诉投资人，让他们知道自己将面临什么样的风险，这是非常重要的。有一些创始人因为不懂这些，导致最后项目失败，还欠下了巨额投资款。

所以，一定要在项目开展前计算出最大亏损范围，这个数据是判断自己和投资人会不会因项目失败而陷入危机的参考依据。没有人会在明知项目要失败的情况下继续运营项目，投资人也不想投资一个因为亏损太多而有倒闭可能的企业。

计算亏损的过程还有助于创始人想清楚如何执行自己的点子。如果创始人在计算出最大亏损范围后，发现自己一旦失败，企业就会倒闭，那就代表创始人负担不起这个项目的潜在亏损。

罗维奥公司在开发"愤怒的小鸟"项目时，计算出最大亏损范围为 30 万元以内。这笔钱完全可以测试出最终这个游戏是成功还是失败，但就算失败，公司也不会受到太大影响。后来，这个游戏获得了超高的投资回报率，给公司带来了巨额利润。

亚马逊在推出 Kindle 阅读器时也通过同样的方法计算出了最大亏损范围，明确即使项目失败，公司经营也不会受到太大影响，最后项目非常成功。亚马逊创始人杰夫·贝佐斯（Jeff Bezos）说："如果你常常研发产品，而且有能力忍受任何一次失败，那你永远都不会面临赌上整个公司命运的局面。回顾我们开发 Kindle 项目时，我也只是下了一个赌注。如果你经常下注，而且及早下注，那么任何一个赌注都不会赔掉整个公司的未来。"

杰夫·贝佐斯的意思是，只要你有能力负担自己所下的赌注，即使最后全都失败了，也在你的承受范围内。换句话说，无论创始人的赌注规模有多大，只要在公司完全可负担的范围内就是没有问题的。

综上所述，创始人需要做的就是计算自己的赌注有多大，看看一旦失败，自己是否还有能力东山再起。如果答案是肯定的，就将这一点写进商业计划书中，这往往有利于获得融资。

13.2 六步锻造顶尖商业计划书

商业计划书不仅是企业融资的敲门砖，还对企业的经营发展起着重要的指导性作用。好的商业计划书，其核心内容都是相似的，只需六步就能锻造一份完美的商业计划书。

13.2.1 概括商业模式

互联网时代的商业模式可谓多种多样。虽然有些项目的商业模式可能还不太成熟，但是这一部分依然需要详细描述，因为投资人可能会根据商业计划书所描述的商业模式的可行性做出投资判断。

下面归纳了五类商业模式，创始人可据此思考自己的商业模式属于哪一种。

1. 实物产品模式

实物产品模式是指产品为某种实物，用户可以直接购买和使用这一物品，也就是通常所说的商品/货物。实物产品模式非常简单，分为四种。一是自己生产、自己销售，即自己负责产品的生产和销售；二是外包生产、自己销售，即把产品的生产环节外包出去，自己仅负责将产品销售给用户；三是只生产、不销售，即自己仅负责生产产品，由分销商负责产品销售；四是不生产、只销售，即自己仅作为分销商负责产品的销售或为产品销售提供交易市场。

实物产品模式的前提是有实物作为产品。如果产品不是实物，用户无法直接购买使用，那么就会用到其他的商业模式。

2. 广告模式

自从广告成为谷歌的主要盈利渠道后，广告模式就成为互联网行业首选的商业变现模式。广告模式主要有导量、卖推广位、一对一换量三种方式。

（1）导量

导量的方法有很多。拥有巨大用户群的超级 App 会自己建设一个平台，如微信。微信的"支付"功能里有京东购物的入口，这不仅因为腾讯注资了京东，还因为微信的平台建设需要。微信用户每一次从微信入口进入其他产品，甚至细化到无论是否产生了购买行为，这个产品都需要向微信付费或分成。在这个过程中，微信基本主导了付费的标准。

某些本身就是平台的产品，是通过竞价排名的方式进行导量的。例如，淘宝、大众点评、应用市场等产品，它们的盈利方式是直接给商家导量。用户打开淘宝搜索某件产品显示出来的结果并不是随机的，淘宝后台会根据自己的算法及用户对商品显示规则的限制计算排名。用户看到的产品前后展示位置及左右侧的广告位置都是商家花钱购买的。比如，每当"双 11"狂欢购物节来临，商家纷纷争抢好的广告位，拿下好位置的商家的销售量必将提升。

（2）卖推广位

一位用户结束了一局"植物大战僵尸"的游戏，在即将进入下一关的时候，突然跳出来一个其他游戏的广告。如果用户下载了推荐游戏，就能得到一定数额的奖励。这个工作不是"植物大战僵尸"的 App 自己做的，而是由第三方移动广告平台来开展的。第三方移动广告平台全盘负责广告业务，按期结算，通过分成获取利润。

广告位有各种各样的形式，包括用户打开 App 时的全屏广告和 App 下方窄窄的小插屏广告。广告位的收费形式也有很多，如按广告的展示次数收费、按用户的点击次数收费、按用户的下载（安装）或购买次数收费等。广告费用的高低与操作的难易程度有关。企业也可以自己操作广告平台，但一般是在 App 产品线多且用户量非常大的情况下，如腾讯旗下的腾讯广告、百度旗下的百度联盟、360 奇胜效果联盟等。

（3）一对一换量

一些用户量不是很大，但是"精力充沛"的企业，会通过一对一换量模式变现。比如，美图秀秀 App 内置的推荐板块常常推荐几十款甚至上百款 App，就像一家小型应用商店。而美图秀秀推荐的 App 里也有美图秀秀的下载方式。

量级相对较小、用户群固定的 App 适合使用这种一对一换量的变现方式。这类 App 经常可以找到"志同道合"的 App 进行数量对等的用户导入。如果用户数量相差较多，就需要用钱来弥补其中的差异。

3. 交易平台模式

交易平台模式包括三种，分别为实物交易平台模式、服务交易平台模式、资金沉淀模式。

实物交易平台模式是指为用户进行商品交易提供平台，平台方从中收取佣金的模式。阿里巴巴就是这种商业模式，佣金是其主要的收入来源。

服务交易平台模式是指为用户提供和获取服务提供平台，平台方从中收取佣金的模式。滴滴出行就是这种商业模式。

资金沉淀模式是指通过为用户保管资金而赚取投资收益回报的模式。很多互联网金融、O2O 企业都寄希望于这种模式。

4. 直接向用户收费模式

直接向用户收费模式包括定期付费、按需付费两种模式。

定期付费模式是指用户付费后获得一定时间内的服务。定期付费的单笔付费金额比较小，门槛较低。比如，15 元购买爱奇艺 VIP 的用户可以在一个月内免费看会员电影。

按需付费模式是指用户实际购买服务时支付相应的费用。比如，从爱奇艺里看一部付费电影需要花费 5 元，这就是按需付费。

5. 免费模式

免费模式是指通过免费的产品或服务来吸引用户，然后再通过增值服务等方式获取利益的商业模式。免费模式具体分为产品免费、附件收费，产品免费、增值服务收费等多种模式。索尼和任天堂以低于成本的价格销售游戏机，然后用较高的价格销售游戏光盘就是产品免费、附件收费模式。

13.2.2　看清与竞争对手的差异

如果一个创始人连自己直接的或潜在的竞争对手都无法识别出来，那么投资人是不会为其投资的。对竞争对手进行分析的目的是帮助创始人看清自己与对手的差异，然后集中全部资源，瞄准一个对手，将其打败。

在对竞争对手进行分析之前，创始人首先要找到一个合适的竞争对手。第一步，选择竞争领域。对市场进行细分，选择适合自己的细分市场。与此同时，竞争对手就被锁定在这一个细分领域中了。第二步，选择竞争目标。企业对未来发展的预期决定了企业为之奋斗的目标。在实现目标的过程中，企业会遇到很多竞争对手，而与企业有相同目标的就是企业的主要竞争对手。在找到竞争对手之后，创始人就可以展开分析和对比工作了。竞品分析（指对竞争对手的产品进行分析）主要从下面五个方面进行。

1. 财务指标

竞争对手的关键财务数据可以表现竞争对手的经营状况。需要注意的是，一般企业不会只做单一业务，所以创始人对竞争对手财务指标信息的分析应包括集团、部门和单位甚至更多方面的信息。

2. 产品分析

一般情况下，企业之间的竞争是在产品和服务层面展开的竞争。在生产层面，还有对有限资源的竞争。但是，企业更多关注的是产品竞争。竞品分析应当从产品定位、市场定位、成本及价格、广告投入、发展趋势等方面进行。如果竞争对手为专业服务类企业，那么对手的主要服务对象、服务范围及服务水平都是需要分析的内容。

3. 优势和劣势

竞品分析一定要建立在客观的基础上，尽量减少主观愿望对竞品分析的影响。在分析的过程中，不能过分强调竞争对手的优势，也不要主观扩大竞争对手的劣势，否则会让投资人抓住把柄，怀疑你的能力。

例如，一家美国创业公司在寻找投资人时，在商业计划书的竞品分析部分写道，"主要几家竞争对手已经濒临破产"。投资人当然不会相信这家创业公司的一面之词。

4. 企业经营哲学

企业的经营哲学是企业战略和经营行为的思想支撑。例如，企业董事长、CEO 的管理风格如何？企业如何控制其产品成本？这些都与企业的经营哲学有关。所有的企业都一样，竞争对手的经营哲学也会影响其企业的组织结构和管理风格。因此，在进行竞品分析时，对竞争对手的经营哲学的了解和分析也必不可少。

5. 人力资源政策

人力资源政策在很大程度上影响了企业的经营战略和业绩。例如，较低的薪酬水平不能吸引和留住优秀人才，而且会影响企业的经营绩效，无法实现其长远的目标。除了薪酬制度，企业还要分析竞争对手员工的业务水平，以及竞争对手为其员工提供了哪些培训机会和职业生涯规划等。对竞争对手人力资源政策的分析，可以帮助企业改善自身的人力资源政策。

对竞争对手的分析可以为企业决策层制定企业发展战略提供依据。企业决策层可以将竞争对手实际采取的竞争行为与自己预计的行为加以对比，并且对竞争对手采取的异常行为加以重点关注。当然，对竞争对手的分析应当秘密进行，绝不能让竞争对手察觉，否则竞争对手可能会释放虚假信息。

对竞争对手有一个清晰的认识不仅有利于企业在竞争中处于主动地位，还能给投资人留下思虑全面的印象，有助于成功获取投资人的投资。

13.2.3　描述市场营销战略

描述市场营销战略是商业计划书的重要部分。企业要在商业计划书中详细描述市场营销战略，目的是让投资人看到企业对目标市场的深入分析和理解。下面是描述市场营销战略的过程。

1. 市场营销战略概述

这一部分写在市场营销战略部分的开头，是对企业市场营销战略的整体描述，一般只需要两三句话即可。

例如，锤子手机采用比附营销战略打开市场。比附营销战略的操作方法是将产品或品牌与同行业内的知名品牌进行联系和比较，使用户迅速认识并接受新产品，提高新产品的知名度。在锤子手机产品发布会上，其创始人罗永浩将锤子手机系统与苹果、小米、三星手机系统进行了详细对比。他说："这么多年过去了，用户总是面对满屏的矩形圆角图标，还不腻？"

比附营销战略的应用使很多用户将锤子手机与苹果、小米等手机列为水平相当的一类手机，这对锤子手机的市场推广起到了极大的促进作用。

2. 企业营销环境分析

这一部分主要是对企业面临的市场情况的总结和分析，应将企业所面临的市场环境表述清楚。从分析的主要内容来看，一般分为两大部分：一部分是从产品的市场性进行分析，包括产品的现实市场及潜在市场状况、消费者的接受程度等；另一部分是从影响产品的不可控因素进行分析，如消费者的经济条件、收入水平、消费心理等。

3. 企业营销目标

这一部分主要是为企业列出市场营销的目标，即企业执行市场营销战略后预期达到的经济效益目标，一般包括产品的总销售量、预计毛利和市场占有率等。

4. 具体营销战略

这一部分是市场营销战略的重点，一般分为营销宗旨、产品策略、价格策略、销售渠道、销售策略五大部分。这五大部分需要针对不同的情况加以分析，从而确定营销的具体方法和手段。其中，产品策略、价格策略、销售策略是比较重要的部分，下面将一一阐述。

产品策略包含多方面的知识。合理的产品策略，能够让产品的销售更加顺畅。其中，产品定位、产品质量功能方案、产品品牌、产品包装、产品服务等都是产品策略中需要提到的内容。在撰写商业计划书时，需要考虑全面，以免有所遗漏。

价格策略也是市场营销战略中一项较为重要的部分。恰当的价格策略能让企业实现利润最大化，帮助企业获得更加长远的发展。一般来说，企业在制定价格策略时会采用多种定价原则，如拉大批零差价、给零售商和中间商更多优惠，或给予消费者适当的折扣，鼓励他们多购买产品。此外，还可以采用成本定价法，以成本为基础、以同类产品价格为参考制定本产品的价格策略。

在描述销售策略时，需要完整地描述策略的细节，如在选择销售人员时是选择外面的销售代表还是选择内部职员、在选择商品售卖方式时是选择转卖商和分销商还是选择特许商、企业将要提供的销售培训类型有哪些等问题。把这些小细节表述清楚，可以给投资人留下一个好印象。

5. 各项费用预算

这一部分需要将在执行市场营销战略的过程中涉及的费用全部计算清楚，包括项目费用、阶段费用、总费用等。在写这一部分内容时，需要遵循以较少投入获得最优效果的原则，让投资人看到项目的利益优势。

6. 市场营销战略总结

这一部分应当给出在执行市场营销战略的过程中出现变动时所采用的解决方案。因为市场变化莫测，所以需要根据实际的市场变化进行相应的调整，以保证市场营销战略具备可行性。

以上就是描述市场营销战略的全过程。创始人在撰写市场营销战略时，可以以上面的六大部分为切入点进行分析和研究，以便撰写出优秀的、能够吸引投资人注意的商业计划书。

13.2.4　做出未来三年的财务预测

在商业计划书中，创始人最好做出至少三年的财务预测。对于已经成熟的大企业而言，年终财务预测是比较简单的，因为各种数字就在眼前，财务预测只是计算。但对于创业企业来说，财务预测则是个大难题。

在创业初期，很多创始人都懒于做财务预测，于是他们借口说："未来根本无法预测，现在再怎么算也不管用，还不如把时间和精力先放在做业务上。"这句话表面上听起来好像有道理，但其实是他们心里没有底气。

一个创业企业如果拿不出清晰的财务预测，就像一个人在陌生的城市里没有地图一样，根本不清楚自己所在的位置及将要走向何方。拿不出一份像样的财务预测，投资人是不会轻易给这个企业大笔投资的。换句话说，投资人考验一个创始人能力的高低，归根到底是看他有没有精准判断未来的能力。

财务预测可以反映出创业企业的命运。那么，那些产品还没流入市场、收入为零的创业企业如何来做财务预测呢？

1. 保证流动现金储备至少可用一年半

市场变化非常快，你无法保证项目的进展能达到预期，更无法预测下一轮融资什么时候才能到来。所以，一定要做财务规划。要知道，计划用一年半的资金，很有可能一年多一点就用完了；但如果不做规划，有可能不到半年就没有了。

现金流是创业企业的命脉，掌握着创业企业的生死。创始人必须清楚自己企业现金流里的每一个数字，同时应懂得创业企业做财务预测的重要性。千万别想等将来企业做大了，找个CFO来做财务预测，忽视财务预测重要性的创业企业也许根本就维持不到那一天。

2. 目标和管理半径影响花钱节奏

一方面，企业试图达到的目标直接影响花钱节奏，因为融资的目的就是达到既定的市场份额。完成目标才有利于下一轮顺利融资，所以根据目标确定花钱节奏是没有问题的。另一方面，管理半径影响花钱节奏，因为企业要花钱扩张就会增加管理问题。如果管理跟不上，那么花钱节奏就要放慢一些。

创业企业做财务预测的关键，是对企业未来收入做出比较现实的假设。按照以上方法做出来的预测，应对投资人绝对不是问题。但是，财务预测首先是用来监督创业企业自己的行动的，其次才是给投资人看的。

13.2.5　介绍团队及其成员

团队介绍主要分为两部分，即创始人和创业团队。

创始人部分，名校、名企的出身或知名项目的从业经历会给创始人加分。如果没有这些背景，那么创始人至少要说明自己在相关行业的经验及成就。

创业团队部分，要体现专人专用的思维。具体的岗位需要进行具体的介绍，即先进行人物介绍，再介绍其现在负责的领域。千万不要粗暴地把一群"牛人"

聚集在一起，这样商业计划书的说服力会大大减弱。

另外，在团队背景部分要区分合伙人和普通员工，否则投资人会认为你的团队股权划分有问题。如果没有合伙人，投资人就会觉得你的团队实力不足，很难给你的团队投资。

13.2.6　制定退出机制

投资的本质是"投资—退出—再投资"的循环过程。作为投资的重要环节，退出是指所投企业在发展到一定阶段后将股权转化为资本的形式而使股权持有者获得利润或降低损失的过程。资本的退出不仅关系到投资人的收益，还体现了资本循环流动的特点。因此，退出方式的选择及操作显得尤为重要。

退出的方式主要有四种，包括首次公开募股并上市、股权转让、股权回购、公司清算。创始人应当在商业计划书中制定退出机制，让投资人知道自己在什么情况下可以退出，这是投资人比较关心的部分。下面我们分别看看这四种退出方式。

1. 首次公开募股并上市

首次公开募股并上市是投资人最理想的退出方式，可以实现投资回报最大化。企业上市之后，股票可以在证券交易所自由交易，投资人只需卖出股票即可退出。

股市飙升的股价和更高的估值使企业上市成为一众投资人梦想的退出方式。然而，上市虽好，但上市对企业资质的要求较严格，手续比较烦琐，成本过高。大部分创业企业不会向投资人保证企业一定能上市，但是投资人看准项目后更愿意赌一把。

2. 股权转让

股权转让是指投资人将自己持有的股权和股东权益有偿转让给他人，从而实现股权变现的退出方式。根据股权交易主体不同，股权转让分为离岸股权交易和国内股权交易两种。股权转让也是一种常见的退出方式。

3. 股权回购

股权回购是指投资人通过股东回购或管理层收购股权的方式退出。回购价格的计算方法有两种。

① 按待回购股权占投资人所持股权的比例计算。具体计算方法如下：待回购股权对应的投资款加投资人完成增资出资义务之日起每年以复利率8%计算的投资回报，加每年累积的、应向投资人支付但未支付的所有未分配利润（其中不满一年的红利按照当年红利的相应部分计算金额）的价格。

② 由投资人和代表公司50%投票权的股东共同认可的独立第三方评估机构评估的待回购股权的公允市场价格。如果投资人要求，则待回购股权的价格可根据红利派发、资本重组和其他类似情况经双方协商进行相应的调整。

4．公司清算

创始人不会希望自己的公司发生清算，投资人也不希望。因为公司清算是投资人获益最少的退出方式。但如果公司经营失败或因其他原因导致首次公开募股并上市、股权转让等方式不可用时，投资人就只能通过这种方式退出。

在商业计划书中向投资人说明退出机制就像给投资人吃了定心丸，投资人也能因此知道创始人的思虑是比较长远的。关于如何制定退出机制，将在第19章"制定合理的退出机制"中进行详细阐述。

第 14 章

寻找靠谱投资人的两大策略

寻找靠谱投资人是一项技术活。如果投资人与创始人理念相同，则可以加快项目的发展进程；如果投资人与创始人理念不同，那么企业在进行许多决策时会被掣肘，最终导致项目破产。寻找靠谱投资人有两大策略，一是坐等投资人找上门，二是主动去找投资人。根据项目的不同，创始人可以选择不同的策略。

14.1 坐等投资人找上门

如今，在竞争激烈的市场环境中，创业项目有很多，可真正能成功的却少之又少。每年成功融资的创始人不多，找到适合自己的投资人十分困难。创始人在寻找投资人之前要明确哪些渠道可以宣传自己的项目，只有把自己的项目推广出去，才能坐等投资人找上门。下面主要介绍五种坐等投资人找上门的方法。

14.1.1 主动寻求互联网媒体报道

如果创始人没有接触过投资人，那么创始人可以了解一下媒体 PR（公关），这是一种让投资人找上门的好方法。一位中关村创业大街的创始人就是通过这种方法找到了投资人，并拿到了 2000 多万元的 A 轮融资的。

因为感兴趣而找上门的投资人比那些费尽千辛万苦找到的投资人，投资项目的概率更大。现在是互联网全民阅读时代，很多投资人都有在网上看新闻的习惯。如果你能让自己的项目通过新闻的方式出现在他们的视野里，一些对项目有好感的投资人就会主动联系你。

目前，较为主流的互联网媒体有以下几家，如表 14-1 所示（排名不分前后），创始人可以选择适合自己项目的媒体网站投递。

表 14-1　较为主流的互联网媒体

序　号	媒体网站	所属领域
1	猎云网	科技新媒体
2	36kr	科技新媒体
3	钛媒体	科技新媒体
4	雷锋网	面向硬件行业的新媒体
5	芥末堆	面向教育行业的新媒体
6	多知网	面向教育行业的新媒体
7	游戏陀螺	面向游戏行业的新媒体
8	游戏茶馆	面向游戏行业的新媒体
9	触乐网	面向游戏行业的新媒体
10	拓扑社	面向企业服务行业的新媒体
11	零壹财经	面向金融行业的新媒体

14.1.2　利用免费推广平台进行推广

除了媒体，创始人还可以将自己的项目放到免费推广平台上吸引种子用户，同时也能引起投资人的注意。目前，比较优质的免费推广平台有以下几家，如表 14-2 所示（排名不分前后），创始人可以选择适合自己项目的平台投递。

表 14-2　比较优质的免费推广平台

序　号	免费推广平台	属　性
1	腾讯创业	腾讯旗下的创投领域综合服务平台
2	IT 桔子	创投行业产品数据库及商业信息服务提供商
3	NEXT	36kr 旗下的类 Product Hunt 产品
4	Demo8	创业邦旗下的新产品分享交流平台

创始人可以在利用其他渠道进行推广的同时利用免费推广平台进行推广，提高被投资人发现的概率。

14.1.3 利用融资平台进行融资

除了以上两种方法，创始人还可以利用融资平台进行融资。目前，比较优质的融资平台有以下几家，如表 14-3 所示（排名不分前后），创始人可以选择适合自己项目的融资平台投递。

表 14-3　比较优质的融资平台

序　号	融资平台	属　性
1	华兴 Alpha	华兴旗下的早期融资平台
2	逐鹿 X	华兴旗下的早期融资平台
3	猎桔	IT 桔子旗下的早期项目融资平台
4	天使汇	在线创业投资平台
5	创投圈	创业服务平台
6	36kr 融资	36kr 旗下的融资平台
7	牛投网	互联网非公开股权融资服务机构

在融资平台上，投资人可以搜索到自己感兴趣的各种项目的信息。通过这种方法找到的投资人往往更具针对性。

14.1.4 入驻孵化器或联合办公场地

以上三种方法是见效较快的吸引投资人的方法，还有一些方法可以使创始人直接接触到投资人，这就要用到专业孵化平台。比如，创始人可以带着自己的团队入驻孵化器或联合办公场地，从而接触到投资人，让投资人投资自己的项目。

目前，比较优质的孵化器或联合办公场地有以下几家，如表 14-4 所示（排名不分前后），创始人可以选择适合自己项目的孵化器或联合办公场地并申请入驻。

表 14-4　比较优质的孵化器或联合办公场地

序　号	孵化器或联合办公场地	属　性
1	3W 孵化器	创业综合服务平台
2	太库	创业综合服务平台
3	桔子空间	以联合办公场地为主的创业服务品牌
4	科技寺	创业综合服务平台
5	今日头条创作空间	今日头条旗下的新媒体创业加速器

序　号	孵化器或联合办公场地	属　　性
6	微软创投加速器	微软旗下的孵化器
7	氪空间	36kr 旗下的创业孵化器
8	NEXT 创业空间	互联网孵化器机构
9	优客工场	主打创业的共享办公空间

14.1.5　将自己的产品打造成一个品牌

一些能力超常的团队有时能在找到投资人之前就获得超高名气，将自己的产品打造成一个品牌，如小米手机、"中国第一自媒体"罗辑思维等。

14.2　主动去找投资人

除非项目非常优秀，否则多数情况还是需要创始人主动去找投资人。明确寻找投资人的方法是创始人首先要做的事，下面主要介绍四种寻找投资人的方法。

14.2.1　让身边靠谱的朋友引荐

如果有人信任你，愿意将你推荐给别人，这意味着他愿意为你的表现承担风险与连带责任。这种信任是非常珍贵的。因此，寻找投资人的最好方法就是通过朋友引荐。

聚美优品是徐小平最成功的投资项目之一，该项目为他带来了数千倍回报。聚美优品创始人陈鸥就是通过朋友的引荐认识徐小平的。

2006 年，陈欧为新加坡创业项目——游戏对战平台 Garena 寻找投资人时，他的斯坦福校友、兰亭集势创始人郭去疾就把陈鸥引荐给了徐小平。徐小平立即决定为这个项目投资 50 万美元，占股比例为 10%，但因学业问题，陈鸥这次没有接受徐小平的投资。

两年后，陈欧留学归来，又一次遇到徐小平，向他简单介绍自己的游戏广告项目后，徐小平没有任何犹豫，就向陈欧的项目投资了 18 万美元，甚至将自己在海淀黄庄的房子低价租给陈鸥作为办公场地。

随着创业项目的深入开展，陈欧发现线上化妆品行业具有不错的发展趋势，当时还不存在权威性的企业。于是，陈欧在做游戏广告业务的同时，上线了团美网（聚美优品前身）。团美网正品平价的形象通过口碑相传，在短期内迅速发展，而后更名为"聚美优品"。随后，在徐小平的支持下，陈欧将之前的游戏广告业务全部停掉，专注于聚美优品的发展，这一次徐小平投资了200万美元。

陈欧能够借助朋友的引荐而找到他的天使投资人是极其幸运的。如果没有徐小平，那么谁也不知道会不会有之后的聚美优品。

如果你正在寻找投资人，那你应当尽可能地将这一信息传播到你的人际交往圈子里。不管是你的家人、朋友还是同事，他们都有可能为你引荐投资人。对投资人来说，如果你的引荐人恰好是他的熟人，那么他们将会更加愿意投资，这就是信任的力量。

14.2.2 自己投递商业计划书给机构或投资人

一般情况下，自己投递商业计划书给机构或投资人的方法很难发挥作用，除非你的商业计划书特别出众。越是知名的机构，每天收到的商业计划书越多，所以你很难战胜海量的商业计划书，被投资人一眼看中。

例如，近几年来，经纬创投每天都会收到100多份商业计划书，一年下来有几万份。而他们每年最多投资60个项目，而且有些项目并不是通过这种渠道找到的。通过投递商业计划书给机构来获得融资的概率之低，可见一斑。

如果创始人想要投递商业计划书给机构，建议选择一些知名投资人的新创基金。在这种情况下，他们会更倾向于给新人机会。目前，比较优质的知名投资人的新创基金有以下几家，如表14-5所示（排名不分前后），创始人可以选择几家合适的基金投递商业计划书。

表14-5 比较优质的知名投资人的新创基金

序　号	新创基金	创　建　人
1	紫牛基金	猎豹移动 CEO 傅盛
2	峰瑞资本	前 IDG 资本合伙人李丰
3	熊猫资本	来自晨兴、启明等一线主流基金
4	愉悦资本	原君联资本 TMT 核心团队刘二海、戴汨、李潇
5	曲速资本	原梦工场创投基金董事总经理杨轩

创始人应当根据不同的投资人撰写不同的商业计划书，让投资人明白这是专门发送给他的，而不是统一的模板。

这种方法的有效性远低于让身边靠谱的朋友引荐。然而，通过投递商业计划书来获得大笔融资的创始人也大有人在。

14.2.3　参加创投活动或路演活动

目前，北京、上海、深圳等地的创业氛围非常好，每天都会开展各种创投活动。如果创始人有时间，可以多参加这些线下的创投活动，至于能不能拿到投资人的联系方式就要各凭本事了。

另外，由创业孵化器主办的路演活动也能为创始人提供与投资人接触的机会。路演活动一般会邀请多名大众创业导师、天使投资人作为嘉宾，创始人可自由报名参与。在路演时，创始人需要对自己项目的市场前景、商业模式、团队情况等进行讲解，创业导师、天使投资人会与创始人探讨项目的优缺点。

与商业计划书要求的全面、详尽不同，参加路演活动要求语言简短、精练。下面是参加路演活动的五大注意事项。

1．使用 PPT 注意时间

一般情况下，路演都会用到 PPT。在使用 PPT 展示项目时需要注意以下三点：第一，如果展示 PPT 预计花费三分钟，那么实际将时间压缩在一分钟之内就够了；第二，如果主持人说只有几分钟的路演时间，那么最好把讲解 PPT 的时间控制在 5 分钟之内；第三，每张 PPT 的停留时间最好不要超过一分钟。

2．讲述自己的创业故事

没有人不喜欢听故事，讲述自己的创业故事能够给投资人留下深刻的印象。与 PPT、数字之类的信息相比，故事对投资人的吸引力更大。创始人可以把自己的创业故事讲给投资人听，如果能够引起投资人的关注，就很容易引起投资人的情感共鸣，从而获得投资。

3．突出项目的不同

在大众创业的潮流下，一些人人都可以做的项目已经无法吸引投资人的注意了。试想一下，自己的项目有什么特点是当前其他创业项目没有的，研究清楚这个问题才能保证路演的成功。

4．自信但不夸大其词

投资人很难在短时间内了解项目，所以他们评判项目好坏的一部分依据就是创始人对项目有没有信心。创始人无须因为自己经验不足、只懂技术不懂运营而自卑，因为就算百度、阿里巴巴、腾讯等大公司也都是一步步发展起来的。

另外，自信并非让你将"最好""最棒""最吸引人"挂在嘴边，这样会给投资人留下不好的印象。自信是言谈举止自然的流露，是含蓄的。创业初期的项目都是不完善的，即使好项目也有不足之处，所以创始人要自信但不能夸大其词。

5. 提前预测投资人的提问并想好解决方案

如果投资人对项目感兴趣，但是问了一些棘手的问题，这时创始人就很容易表现慌乱，从而影响自己在投资人心中的印象。因此，创始人对投资人的提问要做到心中有数，在回答问题时要不卑不亢，只有这样才能赢得投资人的好感。

14.2.4 在各大创业孵化器守株待兔

创业孵化器是指为初创企业提供免费或廉价的办公场地、设备，甚至是咨询意见或资金的企业。大多数创业孵化器是由非营利性组织和风险投资人创建的，它为我国的创投事业做出了很大贡献。

在中关村创业大街的车库咖啡、3W 咖啡等创业孵化器里，每天都会有一些投资人出没。如果创始人眼力好，很容易碰到投资人，并获得与之沟通的机会。当然，获得投资的前提是你要做足功课，保证言之有物。

第 15 章

如何与投资人进行融资谈判

创始人与投资人进行的一系列接触、沟通活动，被称为融资谈判。在谈判的过程中，双方会就自身的利益与对方展开协商，投资人会为自己争取更多的特权，而创始人也要积极维护自身和原有股东的利益不受损害，这是一个创始人与投资人互相助力、寻求平衡的过程。

15.1 介绍项目的技巧

创始人与投资人沟通的时间可能只有几分钟，因此投资人是没有耐心听创始人讲完项目的全部细节的。对此，创始人需要掌握一些介绍项目的技巧，争取通过项目介绍在短时间内抓住投资人的心，让投资人主动延长沟通时间。下面主要分析两个介绍项目的技巧。

15.1.1 通过对应物强化项目优势

每位投资人的个人背景、知识构成、喜好等各不相同，因此其所关心的问题也不一样。但是，没有投资人不喜欢具有优势的项目，所以创始人需要在这方面进行努力。通过对应物强化项目优势就是介绍项目的第一个技巧。

创始人在向投资人介绍自己的项目时，最好找一个对应物，即同行中成功或失败的案例。找对应物的目的是让投资人了解自己做的是什么、自己的企业处于创业初期还是中期、企业的年销售额是多少、自己的项目在市场中处于什么地位。另外，非常关键的一点是，创始人必须重点向投资人讲述自己和竞争对手的区别，突出自己的优势。

对应物相当于打开与投资人的话匣子的切入点。投资人的时间是非常宝贵的，他们不会浪费时间听一个不知名的创始人全方位地介绍自己的项目。所以，通过对应物来定位自己，让投资人快速、清晰地知道你现在的创业状况是非常重要的。

通常情况下，创始人第一次约见投资人往往只能给投资人留下一个粗略的印象，至于会不会有下一次的见面取决于自己的项目够不够吸引人。

15.1.2 站在投资人的角度想问题

在与投资人打交道之前，创始人应当换位思考，想象一下如果自己是投资人会询问什么问题。站在投资人的角度想问题可以帮助创始人进行更充分的准备，在见面时更容易吸引投资人的注意。

投资人经常问的问题有：你做了什么产品、你的产品与别人的有什么不同、你的产品的功能是什么、你的产品能为用户创造什么样的价值、你的产品的目标用户是谁、用户为什么要买你的产品等。如果创始人在见面之前没有想过这些问题，那么很容易使场面变得尴尬。而站在投资人的角度想问题的创始人则能够自信地回答各种问题，赢得投资人的好感。

对投资人来说，如果创始人的项目中有他想要的东西，那他自然会投入资金。从以往投资人支持的项目中不难发现，投资人最关注以下三个方面的信息。

1. 团队信息

投资人首先关注的是创业团队的信息，所以创始人应准备详细的团队信息以应对投资人的提问。创始人应将创业团队的成员信息及之前取得的成绩进行汇总，以防在投资人提问时无言以对。

关于这一点，很多人会有疑惑。他们认为，面对潜在的投资人，介绍自己的项目才是最应该做的事。然而，虽然创始人关于项目的创意足够优秀，但是随着项目的开发、实施，其或多或少会经历一些变更。相比之下，团队是比较稳定的因素。在项目后期的运作过程中，其目标市场、产品和商业模式都会有所改变，但团队是不变的因素。

2. 项目细节信息

在交流中，投资人希望了解项目当前的融资金额、完成进度及资金使用情况等，创始人应提前准备对这些细节性的问题进行回答。

一些创始人可能认为，这些问题应在与投资人接触后期进行具体介绍。但事实是，投资人不仅是数量有限的潜在合伙人，还是急于锁定投资项目的风险投资人。投资人只会在他们接触过的项目中选择几个进行投资，所以他们希望在一开始就能看到项目各方面的细节信息。在短时间内将细节讲述清楚有助于创始人获得投资人的认同，最大限度地争取到投资人。聪明、经验丰富的投资人的时间很少，如果创始人没有直接阐明要点，则很可能会错失这个机会。

3.市场信息

投资人在接触任何一个创业项目时，都会想知道创始人凭什么认定自己的产品有足够的市场。所以，创始人还需要对自己产品的市场有足够的了解，全面、准确地搜集市场信息。

仅按照市场调研公司提供的表格来进行市场分析是远远不够的。首先，创始人需要说明目前市场中存在的竞争对手有哪些，与其相比自己的优势是什么。其次，创始人需要说明自己产品的卖点是什么，即能够让用户感觉"非用不可"而不是"用了还不错"的点。最后，创始人需要解释自己产品的价格定位、商业模式及新产品或新服务能否被目标市场接受等问题。

通过这些代表性的问题，投资人能够了解创始人的思维方式及其对产品的了解程度。创始人是积极改善市场，还是闭门造车，是努力挖掘产品的各个方面，还是对产品感到不确定，这是投资人非常在意的点，而投资人也会据此判断这个项目是否值得投资。

需要注意的是，与潜在投资人第一次会面的目的是尽快获得第二次面谈的机会。所以，创始人只要将上述三个方面的重点信息传达给投资人，让投资人对项目产生兴趣，初步的目的就达到了，不必急于将项目的所有信息和盘托出。

15.2　协商融资金额

融资金额代表着投资人为项目开出的价格。有时，为了降低风险，投资人会有小额投资试水的想法，而这对创始人来说就很被动。如果融资金额太小，满足不了企业的需求，创始人就需要继续寻找新的投资人，这会使创始人无法集中精力在企业经营上。

因此，融资金额不是在与投资人面谈时决定的，而是在融资前就决定好的，创始人要让投资人跟着自己的思路走，而不是顺着对方的思路走。

15.2.1 见面之前想好要多少钱，出让多少股份

对早期的创业企业来说，可以通过运营成本来估算需要多少融资金额。一年半的运营成本是一个比较合适的数值，可以在这个范围内上下浮动。

用一年或两年的运营成本来估算融资金额是不合理的。如果是一年，企业的融资较少，则需要抓紧时间进行融资，这会导致创始人无法将精力集中在创业上，这对企业来说有弊无利；如果是两年，那就等于用现在的估值去募集两年后需要的资金，这对企业来说是不合算的。因为如果企业发展顺利，则两年后的估值可能是现在的 5 倍以上，这不仅造成了企业股权的浪费，还不利于企业的发展。

所以说，用一年半的运营成本来估算融资金额可以达到较好的效果。那么，一年半的运营成本该如何计算呢？大部分创始人养成了有多少钱做多少事的习惯，突然要计算一年半的运营成本，一时之间不知道该怎么做了。下面列举了三个重点。

① 不需要计算准确数值，找到范围即可。

② 灵活对待财务模型，不需要一定按照预算表去执行。

③ 营收/毛利的增长应大于成本的增长，否则应该检验企业的经营是否出现了问题。

计算出一年半的运营成本后，建议选择大于这个结果的数值作为融资金额。现在很容易出现这样的情况：在投资人还有兴趣加大投资的情况下，一些创始人却停止了融资。这显然是不正确的做法，因为创始人必须为企业后期的发展储备足够的资金。

那么，创始人到底应出让多少股份呢？

如果项目目前只是一个创意，还没有成立企业或企业刚刚成立不久，此时进行的融资就是种子轮融资或天使轮融资。在这个阶段，创始人应出让企业 10%～20%的股份。

按照互联网企业的发展速度，企业在拿到天使轮融资后的一两年内，产品就会走向成熟，用户量也有了一定基础，此时就可以进行 A 轮融资了。在 A 轮

融资中，创始人应出让企业 20%～30% 的股份。

企业在拿到 A 轮融资后，如果用户量持续增长，业务发展态势良好，再过半年或一年就可以进行 B 轮融资了。这时候，创始人一般出让企业 10%～15%的股份。紧接着是 C 轮、D 轮……

总而言之，在与投资人见面前，创始人要做到心中有数，想好要多少钱、出让多少股份，这样可以给投资人留下一个好印象，从而促进融资成功。当然，如果投资人对项目表现出了强烈的兴趣，那么创始人一定要抓住机会，尽量争取到下一轮融资。

15.2.2　具体的融资金额和出让股份可以妥协

在谈判过程中，具体的融资金额和出让股份是可以妥协的，但对企业的控制权是不能妥协的。

作为创始人，不必执着于融资金额破亿和自己的占股比例必须达到 50% 以上。只要融资金额在适当范围内，企业股权结构健康，能够保证创始人对企业的控制权，适当妥协一下是没有坏处的。否则，创始人与投资人存在矛盾，会严重影响企业的健康发展。

从这一点考虑，创始人在融资时应该更倾向于选择以财务回报为投资目的的财务投资人。因为战略投资人的投资目的是产业整合，他们总希望把被投企业纳入其整体战略框架内，会较多地干预被投企业的经营方向，因此对控制权的要求会强一些；财务投资人的目的是若干年后的财务回报，他们对控制权的要求较低，对利益方面的要求会比较高。

很多创始人徘徊于对融资的迫切需求与对企业控制权的舍和留之间。需要注意的是，千万不要急于求成，在控制权问题上是坚决不能妥协的。

15.2.3　优化调整，寻找最有利的融资交易

在融资谈判的过程中，创始人和投资人都可以直接表达意见。比如，对于无理的棘轮条款、对赌协议等，创始人可以直接表示无法接受。

要想与投资人达成交易，明确表达自己的意见是非常重要的。如果创始人认为无法达到对赌条件，则明确说出理由，请求投资人降低条件；如果创始人不想按投资人的要求进入新领域，则明确说出理由，请求投资人做出让步；如

果创始人觉得分期投不好，则明确提出并说出理由。

总而言之，如果达成融资交易，那一定是双方都认可的结果，虽然双方都有妥协，但都能够接受。一些创始人不懂这个道理，只要是投资人开出的条件就完全接受，但是等投资后问题就会接踵而至。还有一些创始人甚至与投资人的矛盾激化，造成无法挽回的后果，如失去企业控制权等。所以说，创始人需要学会与投资人进行谈判，通过优化调整寻找最有利的融资交易。

15.3 投资人拒绝投资怎么办

融资谈判失败并不是一件罕见的事，相反，融资一次性成功的案例反而是凤毛麟角。近几年，市场形势越发严峻，投资人比以前更谨慎，创始人被拒绝的情况时常发生。但对创始人来说，被投资人拒绝也算一种宝贵的经验，创始人要学会总结失败的经验和教训，为下一次成功打好基础。

15.3.1 问清被拒的原因，看能否找出解决方案

没有投资人愿意树立起不好相处、不易合作的形象，所以创始人在被拒后要做第一件事就是问清被拒的原因。如果项目十全十美，那么投资人当然不会错过，再说也没有十全十美的项目。因此，创始人需要特别关注投资人给出的拒绝投资的理由，其中可能包含创始人没注意的项目漏洞。

弄清投资人拒绝投资的原因，可以帮助创始人重新思考自己的创业模式，寻找解决问题的方案。

过一段时间后，创始人可以再次与投资人沟通，证明自己已经实现了之前没有达到的某些目标或已经找到了验证商业模式更好的方法，并告诉投资人自己为降低技术和市场风险做了哪些事情。

如果投资人愿意再次见面，那么创始人应向投资人展示企业在这段时间的发展变化，进一步展示项目的前景。所以，在被投资人拒绝后不要怨天尤人，而应保持耐心和战略性思考，寻找逆转的机会。

15.3.2 调整商业计划书

如果投资人对商业计划书不满意，从而拒绝投资，那么创始人就需要重新

调整商业计划书。总体来说，商业计划书就是证明项目未来成功的可能性的说明书，被拒绝说明商业计划书本可以写得更好。

调整商业计划书可能涉及改变项目的商业模式或调整市场定位。

如果项目的商业模式有巨大潜力，那么投资人一定不会拒绝投资。拒绝是一面醒目的旗帜，证明项目的商业模式并不完善。作为企业创始人兼 CEO，你必须对自己产品的目标市场的发展空间有充分的理解，还必须清楚用户的需求和痛点，准确把握当前和未来潜在的竞争格局。

投资人往往更愿意支持那些定位精准、有巨大发展潜力的企业。因此，在市场定位和发展潜力方面，创始人需要自上而下审视财务预测；在用户和销售能力方面，创始人需要自下而上做出财务预测。企业的市场定位也应该与财务预测相契合。因此，融资被拒可能意味着企业走到了一个转折点，创始人需要对市场定位进行调整。

15.3.3　寻找新的投资人

在寻找投资人之前，创始人首先要将自己人际交往圈中可能对自己项目感兴趣的人员名单列出来。这个名单不仅包括潜在投资人的名字，还包括那些在企业创建和融资时试图向创始人提供帮助的人及那些对项目本身感兴趣的人。这样做有助于创始人在融资前选定融资范围，即使融资被拒也能立刻调整状态，寻找新的投资人。

精明的投资人应当具有企业目标垂直市场的专业知识，或在产品领域有丰富的技术经验。如果当前接触的投资人不是很符合这些要求，那么创始人应当积极接触新的投资人。下面是帮助创始人找到适合自己的投资人的方法。

1. 根据不同的目标选择不同类型的投资人

创始人首先要思考自己希望通过投资人实现什么目标，是需要一个更大的人际关系网络，还是更多的专业知识，或是更多的资金。不同的目标，可选择的投资人的类型也是不同的。如果创始人已经将自己的创业想法转化为现实，并希望找到联合创始人时，那么其寻找的第一个投资人应为天使投资人。因为天使投资人一般有较多的专业经验，可以为创始人提供帮助。但如果创始人想要得到更多的资源，那就应该寻找风险投资人。

在企业发展初期，天使投资人对创始人的要求较少，但风险投资人就不同了。在投资之前，创始人需要向风险投资人提供有力的数据证明企业的发展潜力。在与风险投资人见面之前，如果创始人没有将商业计划书写得完美，那么其几乎不太可能获得风险投资人的认可。

当然，有一些风险投资人会在融资的早期阶段投资一些发展前景良好的初创企业，但创始人在创业之初通常先获得天使投资人的资金支持，风险投资人往往会在第二轮或后几轮融资时出现。

2. 根据资金和资源的需求选择投资人

对创始人来说，投资人的资金和资源有很重要的价值。一个有足够资金的投资人才有能力为企业投资，因此创始人要了解和掌握投资人的经济情况。另外，如果投资人具备丰富的资源，如人脉、办公场地、技术等，那么创始人也应该想方设法获得其青睐。

例如，某互联网企业缺乏云计算技术，而其投资人恰好是云计算领域的佼佼者，那么该投资人就可以为这个互联网企业提供很好的帮助，从而提高其市场竞争力。此外，技术的升级也可以促进企业业务的扩展，提升企业的服务能力。

3. 通过专业平台了解投资人

创始人在寻找投资人时，最重要的一步就是要了解投资人。如今，很多专业平台上都有一些关于投资人的信息和资料，创始人可以通过对这些信息和资料进行查询，进而了解投资人的喜好、投资习惯等。当创始人充分了解了投资人以后，融资的成功率会大大提高。

4. 考虑投资人后期能否适应企业文化

对初创企业来说，企业文化才是王道。独特的企业文化可以给初创企业精神力量，支持企业发展壮大。一旦创始人锁定了潜在投资人，那么就需要考虑他们能否适应企业文化。创始人应考虑两个问题：投资人是想参与企业的日常运营，还是不管不问？投资人的发展理念是否与自己一致？

创始人在与投资人见面时，总是处于被动地位。有时候，创始人会被投资人的各种问题"轰炸"。实际上，创始人也可以问投资人一些问题，如若您愿意投资我们企业，那么您在我们企业中的角色定位是什么？了解投资人对自己的角色定位，可以有效避免与投资人在未来产生冲突。

创始人需牢记，不要单纯为了资金而选择投资人，一定要思考投资人会为自己的企业带来什么。多问问题，多做研究，再决定企业需要哪种类型的投资人。找到一个理想的投资人、一个智慧的导师，可以帮助创始人获得成功。

如果创始人选择的投资人拒绝投资，那可能是项目本身不具备他们需要的某种特质。但只要创始人的创意足够新颖、项目足够优秀，总能找到志同道合的投资人。

第 16 章
如何对公司进行估值

投资人在投资之前会对公司进行估值，以此来确定其应该占有的股份。估值是一个非常困难且主观的过程。因为一家公司的不确定因素太多，所以估值属于一种前瞻性的预测，只有拥有可持续发展能力的公司才有估值的价值。

16.1 贴现现金流法

贴现现金流法主要通过估算公司未来的现金流之和来进行估值。这种方法是在公司平稳发展的基础上，看公司未来 5～10 年的预期收入。用这种方法进行估值，创始人需要重点考虑现金流、贴现率、控制权溢价及非流动性折价等因素。

16.1.1 现金流估算

对于贴现现金流法，首先应估算公司未来 5～10 年的自由现金流。要做好这项工作，必须对公司的业务和竞争优势有充分的了解，同时还要有一定的专业基础。

创始人与投资人达成的一致看法可以反映在对公司未来现金流的估算中。例如，公司的利润率未来会提高，或者其销售增长速度会放缓，又或者其需要增加投入来保养现有的设备厂房等。

假设 A 公司 2017 年的自由现金流是 1000 万元，销售前景不错，通过一番研究，我们认为它的自由现金流在未来 5 年会以 10% 的速度增长。后来，由于竞争加剧，5 年后它的自由现金流增长速度降为 5%，在这里我们仅计算未来 10 年的现金流，从第 11 年开始算为永久价值。那么，根据以上信息，可以列出从第 1 年到第 10 年的估计现金流，如表 16-1 所示。

表 16-1 从第 1 年到第 10 年的估计现金流

时 间	估计现金流（万元）
第 1 年	1100
第 2 年	1210
第 3 年	1331
第 4 年	1464.10
第 5 年	1610.51
第 6 年	1691.04
第 7 年	1775.59
第 8 年	1864.37
第 9 年	1957.59
第 10 年	2055.47

在估算创业公司的现金流时，投资人通常会特别小心，因为创业公司的历史财务状况不像上市公司那样透明、清晰。

创业公司通常历史较短，且没有披露财务和重要信息的监管要求，甚至没有规范的成本核算，创始人以远低于市场价格的工资为公司工作。尤其是一家刚成立的公司，创始人可能不得不为估值模型所依赖的假设进行会计准则上的调整。

16.1.2 贴现率估算

贴现率指的是投资人要求从此次投资中得到的回报率，如果投资人认为项目风险高，他就会要求更高的贴现率。

基于创业公司的预期寿命不同，投资人在投资创业公司时要求的贴现率通常比上市公司的要高，因为我们通常假定上市公司可以永续经营，而创业公司因为更依赖核心创始人所以其预期寿命会短一点。

怎样估算贴现率呢？美国晨星公司把美国股市的股票贴现率的平均值定为 10.5%。其中，5% 是短期国债的收益率，也就是无风险收益率；剩下的 5.5% 表示投资人为了承担超过无风险投资的那部分风险，所要求的对应该部分风险的回报，平均值为 5.5%。

当然，市场上的公司不能全用一个固定值。晨星公司曾经根据经验确定了一个区间，即贴现率范围为 8%～14%。风险越高、波动越大的行业取值越高，越接近 14%；风险越低、波动越小的行业取值越低，越接近 8%。

在这里，我们认为稳定的工业制造行业为 9% 的贴现率，风险较高的互联网行业为 13% 的贴现率。

16.1.3　控制权溢价及非流动性折价

在对公司进行贴现现金流估值时，还需要考虑溢价和折价等关键因素。溢价源于控制权，控制权是产生价值的。

相比上市公司的股权交易，创业公司的融资交易通常伴随着公司控制权的转移。如果创业公司管理较差，那么投资人可以利用控制权来更换管理层以提升其财务表现，这就是所谓的控制权溢价。

然而，上市公司股权交易的成本几乎为零，而创业公司的融资交易则需要投入大量的资源和时间，在运用贴现现金流法进行估值时应该将这部分成本考虑进去。

市场通常会给创业公司 20%～30% 的非流动性折价，如果贴现现金流法运用合理，这将会是非常强大的工具。然而，现金流增长率或贴现率的任何微小改变都会造成估值的极大变动。

在与投资人谈判时，大部分投资人在一开始就会针对公司未来增长的假设进行攻击。因此，理解哪些东西是高度可预测的、哪些是多变的，有利于创始人平等地与投资人进行谈判。

16.2　可比公司法

可比公司法是投资人常用的一种估值方法，一般用上市公司乘数来进行估值。上市公司通常比较完备、规范，因此具有一定的通用性价值。可比公司法的关键在于找到一组合适的可比公司，在公司规模、产品组合、增长潜力等方面都与目标公司高度相似。

16.2.1　挑选同行业可参照的上市公司

可比公司法可以提供一个市场基准，然后依照这个基准来分析目标公司当前的价值。这里的市场基准应当是与目标公司属于同行业的、可参照的上市公司，这个上市公司能为目标公司提供相关性很强的参考。

可比公司法最困难也最核心的环节就是挑选与目标公司具有相同核心业务和财务特征或风险的上市公司。与上面讲到的贴现现金流法不同，可比公司法需要根据市场形势及投资人的心态来反映公司当前估值。所以在大多数情况下，可比公司法比贴现现金流法计算出的估值更接近市场值，也就是和市场的相关性更强。

一般来说，应先从目标公司的竞争对手查起，因为竞争对手都具有相同的核心业务和财务特征，在市场上往往具有类似的机会或遭受着同样的风险。创始人可以搜寻竞争对手中的上市公司，当然，用 5～10 个同类公司来比较是最好的。

16.2.2　计算同类公司的主要财务比率

为了与同类公司进行比较，创始人必须找出所需要的财务信息以便计算出同类公司的主要财务比率。

同类公司上一年的年度财务报表及当年的季度财务报表可以作为历史财务信息的主要来源。这些报表可以为创始人提供计算 LTM（最后 12 个月的财务业绩）数据所需的所有财务数据。

有了这些数据，创始人就可以开始计算同类公司的主要财务比率了。

首先，我们看盈利能力。同类公司的盈利能力可以通过毛利率、EBITDA（税息折旧及摊销前利润）率、EBIT（息税前利润）率及净利润率四个指标进行分析。后三个指标对公司盈利能力的衡量范围各不相同。

EBITDA 率和 EBIT 率是衡量公司经营盈利能力的主要指标，适用于同行业公司之间的比较；而净利润率是衡量公司总体盈利能力，而不是其经营能力的主要指标。

此外，因为净利润是息后利润，会受到资本结构的影响，所以毛利率相似的公司可能由于杠杆率的不同，其净利润率会差之千里;净利润也是税后利润，同类公司可能享受不同的地方税率，就算毛利率相同，净利润率也可能会截然不同。

其次，我们看投资收益。我们用三个指标来分析同类公司的投资收益，包括 ROIC（投资资本回报率）、ROE（股东权益报酬率）及 ROA（资产回报率）。

投资资本回报率衡量的是一家公司的全部投资资本所产生的收益，其计算公式为"ROIC=EBIT×（1-税率）/（有息负债+股东权益）"。

股东权益报酬率衡量的是股东给一家公司提供的资本所产生的收益，其计算公式为"ROE=净利润/平均股东权益"。

资产回报率衡量的是一家公司总资产所产生的收益，其计算公式为"ROA=净利润/平均总资产"。

接下来，我们看杠杆率。杠杆率指的是一家公司的负债水平。一般来说，杠杆率越高，公司陷入财务困境的风险就越高。所以，投资人十分关心公司的杠杆率。

最后，我们看交易倍数。在所需的所有财务数据收集好，并制成表格之后，就可以计算同类公司的交易倍数了。市盈率是比较常见的倍数，但是投资人更倾向于采用其他倍数，如公司价值/EBITDA 或公司价值/EBIT。

一般情况下，我们会计算四个交易倍数，包括市盈率、公司价值/EBITDA、公司价值/EBIT 及公司价值/销售额。

16.2.3 将主要财务比率作为市场价格乘数进行估值

创始人挑选出同行业可参照的上市公司并计算出其主要财务比率后，接下来需要将目标公司与同类公司进行分析和比较。分析和比较的目的是确定目标公司在同行业内的相对排名，并根据排名确定相对的估值范围。

首先，创始人需要在同类公司中进一步筛选出与目标公司的核心业务和财务特征最为接近的公司，排除离群值。然后，创始人需要分析和比较同类公司的主要财务比率，找到最佳可比公司。最后，创始人需要利用最佳可比公司的主要财务比率确定目标公司最终估值的范围。

可比公司法的优点在于可比公司的财务数据能反映总体市场的动态。和复杂的贴现现金流法相比，可比公司法非常简单、便捷，只要计算出最佳可比公司的主要财务比率，并将它作为市场价格乘数，就能轻松进行估值。

16.3 可比交易法

可比交易法是指从类似的融资交易事件中获取有用的财务数据，以此来计算出相应的融资价格乘数，从而进行估值的一种方法。

16.3.1 可比交易法的运作流程

可比交易法与可比公司法大致相同。它是指在融资估值过程中，选择同行业中与目标公司规模相同，但是已经被投资、并购的公司，在这些已经被投资和并购公司的估值基础上，获取其与融资估值相关的财务数据，并计算出相应的融资价格乘数，以此为依据对目标公司进行融资估值。

可比交易法的运作流程是这样的：A 公司在不久前刚获得融资，B 公司与 A 公司同属一个行业，并且其业务领域也与 A 公司相似，但是 B 公司的经营规模比 A 公司大三倍左右，那么在对 B 公司进行融资估值时，就需要在 A 公司的估值基础上扩大三倍左右。虽然实际的融资估值会出现偏差，但是在大体上，其融资估值的结果还是可以参考的。

16.3.2 寻找类似融资交易是关键

可比交易法并不针对目标公司的市场价值进行分析，而是在市场上寻找类似的融资交易进行分析。一般情况下，同行业的同类公司被并购的案例往往具有较高的参考价值。创始人计算出类似融资交易中估值的平均溢价水平后，就可以用这个溢价水平计算出目标公司的价值。

任何一次融资交易，在估值过程中都会参考过往相关融资交易的估值，交易之后的估值则又成为后续融资交易的估值参考。可以说，估值的过程既对公司未来的效益水平进行了科学的量化，又受到了当下市场环境的影响。

随着市场经济的不断发展和公司产权的日益商品化，对公司价值的评估越来越受到重视，它正成为衡量公司成功与否和整体质量好坏的全面而准确的指标。

第 17 章

深度解析投资条款清单

投资条款清单是投资人与创始人就未来融资交易达成的原则性约定。投资条款清单除了约定被投公司估值和计划融资金额，还会约定投资人与创始人的责任与义务及达成投资的前提条件等。

我国法律对投资条款清单没有进行特别的规定，因此投资条款清单并不是正式的投资协议，即使签订了投资条款清单，投资人也有退出的可能。

17.1　投资条款清单八大条款

投资条款清单一般会以框架的形式出现，直接体现在《投资协议书》中。投资条款清单的内容较多，其中最需要注意的有八项条款。

17.1.1　投资工具条款

投资工具条款属于投资条款清单的基础条款，规定了投资人以何种方式进行投资。这一条款决定了投资人进入公司后的身份和地位。

投资工具一般有三种，包括普通股、可转换优先股及可转换债券。普通股是公司资本构成中最重要、最基本的股份，亦是风险最大的股份，其价值随着公司利润的变动而变动。普通股的基本特点是其投资收益（股息和分红）不是在购买时约定的，而是事后根据股票发行公司的经营业绩来确定的。

与普通股相比，可转换优先股的股票一般是股票发行公司出于某种特定目的和需要发行的。可转换优先股股东的特别权利就是可优先于普通股股东以固定的股息分取公司收益并在公司破产清算时优先分取剩余资产，但可转换优先股股东一般不能参与公司的经营活动，其具体的优先条件必须由公司章程加以明确。

可转换债券实质上是一种债权融资工具，即债券持有人在发债后一定时间内有权按约定的条件将债券转换为股票。

可转换优先股的特点决定了其承担的风险比普通股小。而可转换债券可以获得稳定的利息收入，另外，当公司发展迅速、盈利能力增强时，债券持有人将债券转换成股票还可以享受股票增值带来的好处，风险相对更小。

17.1.2　估值条款

估值条款是投资条款清单中必不可少的内容。该条款有两个关键点，一是估值的计算，二是对投资前估值还是投资后估值进行判断。

1. 估值的计算

公司估值是投资人和创始人都非常关注的内容，详细的计算方法可参考第16 章的相关内容。

2. 对投资前估值还是投资后估值进行判断

判断估值是投资前的还是投资后的，此知识点可参考 12.3.1 节的相关内容。

在投资条款清单中，估值条款的内容一般是这样的："公司设立完成后，投资人以人民币××万元的投后估值，对公司投资××万元人民币进行溢价增资。增资完成后，公司注册资本增加为××万元，投资人取得增资完成后公司××%的股权。"

17.1.3　估值调整条款

估值调整条款又称为对赌条款，即公司控股股东向投资人承诺，如公司未达到约定的经营指标（如净利润、主营业务收入等），或不能实现上市、挂牌及被并购的目标，或出现其他影响估值的情形（如丧失业务资质、重大违约等），投资人可对约定的投资价格进行调整或提前退出。估值调整条款包括以下两个方面的内容。

1. 现金补偿

若公司的实际经营指标没有达到约定的经营指标，则控股股东或其他股东应当对投资人进行现金补偿，应补偿现金=（1-年度实际经营指标/年度保证经营指标）×投资人的实际投资金额-投资人持有股权期间已获得的现金分红和现金补偿。

2. 股权补偿

如果在约定的期限内，公司的业绩达不到约定的要求或不能实现上市、挂牌及被并购的目标，则投资人有权要求控股股东或其他股东以等额的公司股权向其进行股权补偿。

但是，股权补偿机制可能导致公司的股权结构发生变化，影响公司股权结构的稳定，因此在上市审核中不易被监管机关认可。

此外，根据最高人民法院的司法判例，公司控股股东与投资人签署的对赌条款是签署双方处分其各自财产的行为，应当认定为有效；但公司控股股东与投资人签署的对赌条款如果涉及处分公司的财产，可能损害其他股东、债权人的利益，或导致公司股权结构不稳定并存在潜在争议，应当认定为无效。

所以，无论是现金补偿还是股权补偿，投资人都应当与公司控股股东签署协议并向其主张自己的权利。

17.1.4 组织机构变动条款

组织机构变动条款是投资人为保证公司合理使用投资资金及规范运行而要求对公司董事会、监事会的组成人员及议事规则进行一些变动的条款。比如，占一个董事会席位、拥有一票否决权等。

一般情况下，投资人为了保障投资后的利益、监管公司的运营，会要求拥有一定数额的董事会席位，获得公司重要决策的投票权。然而，董事会的经营控制权影响着整个公司的命运，创始人必须谨慎分配董事会席位。

根据《公司法》规定，有限责任公司的董事会成员为3～13人，股份有限公司的董事会成员为5～19人。通常情况下，董事会席位设置成单数，避免决策时陷入投票僵局，但法律没有规定不允许设置为双数。由于后续融资会陆续带来新的投资人，董事会成员数量也会逐渐增加，建议公司首轮融资后的董事会成员为3～5人。

在完成首轮融资后，创始人应当拥有最多份额的股权、占多数董事会席位。如果首轮融资完成以后，创始人持有公司大约60%的股份，而投资人只有一个，那么董事会的构成应该是：2 个普通股股东+1 个投资人=3 个董事会成员；如果有两个投资人，那么董事会的构成应该是：3 个普通股股东+2 个投资人=5 个董事会成员。

投资人可能会要求公司 CEO 必须占一个董事会席位，这看似很合理，但创始人要小心，因为当前担任公司 CEO 的可能是创始人自己或创始人股东之一，但如果公司更换 CEO，新任的 CEO 不一定是创始人的"自己人"。最坏的假设是这个新 CEO 与投资人站在同一阵营，那么这种"CEO+投资人"的模式将会使董事会的控制权旁落。

一般情况下，组织机构变动条款中关于董事会席位的设定是"创始人+创始人兼 CEO+投资人"的模式，但少数其他模式也是合理的。比如，"1 个创始人+1 个投资人+1 个由创始人提名、董事会一致同意并批准的独立董事"模式（适用于只有一个创始人的公司）或"1 个创始人 A+1 个 CEO（创始人 B）+1 个投资人+1 个由创始人或 CEO 提名、董事会一致同意并批准的独立董事"模式（适用于有两个或多个创始人的公司）。

到底如何确定投资人在董事会席位的数量，其问题的核心在于怎样保证创始人的团队始终占多数董事会席位，并拥有董事会的控制权。

组织机构变动条款中的一票否决权指的是在规定范围内，只要享有该权利的人不同意某项决策，公司就不能执行该决策。那么，在融资过程中，投资人要求享有一票否决权，创始人要不要给呢？下面通过一个案例分析一下一票否决权的逻辑。

一位投资人 A 曾经投资一家互联网科技公司，公司发展得非常顺利，投资人 A 也非常看好创始人及其创业团队。在公司发展到一定规模时，一家上市公司提出用 5 亿元收购创始人手中的大部分股权，创始人同意了，并将自己手里的全部股权高价卖给了上市公司，而投资人 A 手中的少数股权却无法变现。上市公司此举拿到了该公司的控制权，而投资人 A 因为没有一票否决权而无法阻止创始人的决定，自己手中的少数股权也无法变现，局面变得非常尴尬。

由此可见，投资人之所以要求享有一票否决权，是为了保护自己的利益不受创始人股东的损害。拥有一票否决权后，投资人可以直接否决公司做出的损害自己利益的决策。

一票否决权的逻辑是合理的，创始人不必过于害怕。聪明的投资人都知道，公司的成功靠的是创业团队，即使自己拥有一票否决权，也不会否决那些对公司发展有利的决策。

17.1.5 反稀释条款

为防止公司的后续融资会稀释投资人的持股比例或股权价格，融资双方一般会在投资条款清单中约定反稀释条款，包括优先认购权和最低价条款。

1. 优先认购权

投资协议签署后至公司上市或挂牌前，公司以增加注册资本的方式引进新投资人，应在召开股东（大）会会议之前通知本轮投资人，并具体说明新增发股权的数量、价格及拟认购方。本轮投资人有权但无义务按其在公司的持股比例，按同等条件认购相应份额的新增股权。

2. 最低价条款

投资协议签署后至公司上市或挂牌前，公司以任何方式引进新投资人，应确保其投资价格不低于本轮投资价格。

如果公司以新低价格进行新一轮融资，则本轮投资人有权要求控股股东无偿向其转让部分公司股权，或要求控股股东向其支付现金，即以现金补偿或股权补偿的方式，使本轮投资人的投资价格降低至新低价格。

17.1.6 回购条款

回购条款通常约定如果公司在约定的期限内没有上市或挂牌，则投资人有权在任何时候要求公司（通过减资或其他法律允许的方式）以较高价格回购其持有的全部或部分股权。如果公司因为一些原因没有能力履行回购义务，则投资人有权要求创始人在公司资产总额范围内，向投资人承担回购义务。

回购价格的计算方法有两种，具体可参考 13.2.6 节的相关内容。

关于回购条款是否具有法律效力，业界存在较大争议。一种意见认为，回购条款主要基于融资双方信息不对称及对投资人高溢价进入公司的一种风险补偿，是经过融资双方同意才制定的，当然具有法律效力；另一种意见认为，回购条款实际上是一种投资保底条款，属于"霸王协议"，应被认定为无效。

17.1.7　土豆条款

土豆条款指的是公司创始人的婚姻变动必须经过公司董事会，尤其是优先股股东的同意后方可进行。土豆条款是我国的一项特色条款，源于土豆网在美国纳斯达克递交上市申请时，其创始人王微的婚姻变动导致公司股份被法院查封，失去了上市先机，令公司投资人损失巨大。因此，投资人要求在投资条款清单中增加此项条款，以保障自己的利益。

从土豆条款的由来可知，土豆条款是为了保护投资人利益而设计的。在实际运用过程中，投资条款清单中的土豆条款是这样约定的："本人为 A 的配偶，本人确认对 A 持股的××公司不享有任何权益（A 为××公司的创始人股东），且保证不就××公司的股权提出任何主张。本人进一步认可，A 在履行股权投资相关文件的签署、修订、终止义务时并不需要本人另行授权或同意。作为 A 的配偶，本人承诺将无条件配合相关必要文件的签署……"

17.1.8　保护性条款

保护性条款是投资人为了保护自身利益而设置的条款，一般要求公司在执行某些有可能损害投资人利益的决策之前，必须获得投资人的批准。保护性条款的实质是给予投资人对公司某些特定事件的否决权，让投资人拥有阻止公司某些行为的权利，防止普通股大股东做出不公平行为，保护优先股小股东的利益。

关于保护性条款，创始人可以从两个方面与投资人谈判。

一方面是保护性条款的数量。对创始人来说，保护性条款越少越好。如果投资人比较强势，那么创始人可以在初期接受较多的保护性条款，但要在公司发展到一定阶段时，争取删除某些保护性条款。

另一方面是保护性条款的类别。比如，在多轮融资之后，利用不同的保护性条款平衡各方的关系。一般情况下，保护性条款的实施会有两种情况：第一种情况是每一轮融资的优先股股东都有自己的保护性条款；第二种情况是不同融资轮次的优先股股东用同一份保护性条款。

投资人一般没有对公司的控制权，因此其要求设置相关的保护性条款也在情理之中。但需要注意的是，保护性条款会对公司的正常运营产生一定的干扰。因此，在谈判过程中，创始人要把握好两者之间的平衡点。

17.2 投资条款清单必备的名词解析

初次融资的创始人可能会被一些生僻的专有名词所困扰，这时创始人一定不能不求甚解，因为这其中可能藏着漏洞和陷阱。创始人只有充分了解这些专有名词的意义，才能规避其中潜藏的风险，与投资人平等交流。

17.2.1 优先清算权

在投资条款清单里，优先清算权一般表述为："如果公司在上市之前因为某些原因导致清算、转让核心资产或控制权变更，在股东可分配财产或转让价款总额中，投资人股东首先可以从中分配全部投资款，加上每年累积的、应该拿到但公司尚未支付的所有未分配利润的款项或等额资产及自交割日起每年 8%的利息（复利）；剩余部分由全体股东（包括投资人股东）按各自的持股比例进行分配。为实现双方在本协议项下的约定，同时满足相关法律的要求，双方可以用分配红利或法律允许的其他方式实现投资人的优先清算权。"

简单来说，就是当公司发生清算时，投资人首先会根据协议规定拿走属于自己的钱，而不仅是按股权比例分配。投资人拿走的钱分为两部分，第一部分是连本带利的投资款，第二部分是按照所有股东的持股比例对剩余款项进行二次分配。

17.2.2 优先购买权

优先购买权也叫优先受让权。投资条款清单中关于优先购买权的规定一般有两种。

第一种是创始人为防止股份被稀释，规定投资人按持股比例参与优先认购。其通常表述为："如公司未来进行增资（向员工发行的期权和股份除外），投资人有权按其届时的持股比例购买该等股份。"

第二种是公司发生后续融资时，投资人可以享有优先购买全部或部分股份的权利，投资人放弃购买的，创始人才能向第三方融资。其通常表述为："公司上市之前，股份持有者尚未向其他股份或优先股的已有股东发出要约，则不得处分或向第三方转让其股份。根据优先购股/承股权，其他股东有优先购买待售股份的权利。"

17.2.3　股份兑现

很多创始人不理解，为什么本来属于自己的股份，在投资人加入后，这些股份就需要几年时间才能兑现。

投资人在决定是否投资时会考虑创业团队方面的因素，即创业团队的背景和经验、创业团队的稳定性和持续性。

对于创业团队的背景和经验，可以通过前期的尽职调查进行核实；对于创业团队的稳定性和持续性，则需要股份兑现来保证。

股份兑现的概念其实很容易理解。一般来说，投资人会要求创始人的股份或期权要在其工作满 4 年后才能完全兑现，也就是说创始人必须在公司待满 4 年才能拿到所有的股份或期权。如果创始人提前离开公司，根据约定的股份兑现方式，那么他只能拿到部分股份或期权。

具体的股份兑现方式一般为股票发行后的第一年末兑现 25%，剩余的 75% 在之后 3 年按月等比例兑现。公司有权在股东离职（无论是个人原因还是公司原因）时回购其尚未兑现的股份，回购价格是成本价和当前市价中的较低者。

投资人对创业公司的投资本身就包括了对创始人的投资，因此他们要求创始人的股份有条件兑现也无可厚非。一方面，如果创始人决定创业融资，本就应当将全部的时间和精力用在公司经营上；另一方面，股份有条件兑现并不影响创始人的分红权、表决权和其他相关权益，所以创始人不必过于排斥这项条款。

17.2.4　股份回购权

股份回购权是保证投资人变现的重要权利之一，可以说是投资人收回投资款的"利器"。众所周知，投资人进行投资不是为了做公益，而是为了获得收益。

如果创始人经常回购股份，就意味着该项目出现了状况。因此，投资人为了实现"高收益"的目标，就会对创始人的回购权做出相应的规定。

当出现下列情况时，投资人会要求公司的主要股东和现有股东部分或全部回购投资人所持的公司股份。

① 公司出现主要股东将其股份全部转让或部分转让，而使其自身失去控股股东地位的，或者辞去董事长、总经理等职务的情况。

② 公司在规定的时间内实际净利润低于承诺利润的 70%的，或者公司不能完成其三年整体净利润业绩承诺的情况。

③ 从投资人出资到公司首次公开发行股票期间，公司出现违反工商、税务、环保、土地等相关法律法规并且受到追究，致使公司首次公开发行股票出现重大法律瑕疵而无法申报或申报时间延迟的情况。

④ 在投资人的资金到位后的规定时间内，投资人不能通过公司上市或并购退出的情况。

⑤ 从投资人出资到公司首次公开发行股票期间，公司出现主营业务重大变更的情况。

当出现以上情况时，投资人有权要求公司股东按照双方约定的回购价格对投资人的全部股份进行回购，以此来保证投资人的自身利益。

17.2.5 领售权

领售权也叫强制出售权、强卖权，一般是指如果公司在约定期限内未能实现上市，则投资人有权要求主动退出，并强制要求公司创始人股东和管理层股东与自己一起向第三方机构转让股份。如果投资人要求享有这项权利，创始人必须慎重考虑，权衡此次融资是否值得冒如此大的风险。

投资人要求领售权的目的是保护自己的利益，但如果出现道德风险，创始人将无法保障自己及公司的利益。下面我们一起来看一个案例。

A 公司曾经历过投资人滥用领售权、将创始人与员工扫地出门的事情。由于该投资人在 A 公司押有非常高的股份比例，而且还拥有领售权，于是他单方面迫使其他投资人和 A 公司创始人出售该公司。

当该投资人提出让他投资的第三方公司低价收购 A 公司时，A 公司的银行账户中还有几百万美元的存款。更令人惊讶的是，第三方公司的收购价格只比 A 公司银行账户中的存款多一点点。与此同时，因为该投资人还具有优先清算权，因此 A 公司被出售之后，其创始人和所有员工几乎什么也没有拿到。

几乎在一夜之间，A 公司的创始人失去了自己的公司，而员工们也都失去了自己的工作。这一切都是因为 A 公司当初没有找到一位好的投资人，竟然轻易接受了这样一位缺乏基本商业道德的投资人。

从原则上说，创始人应对领售权的最好方法就是拒绝。因为一旦给予投资人这项权利，公司就会受制于投资人，只不过程度有所不同而已。

17.2.6　竞业禁止协议

竞业禁止协议针对的对象是公司的管理团队和核心技术人员。该协议要求他们在离职后两年内，或者他们不再持有公司股权之日起两年内，不得从事与创业公司相竞争的业务。

竞业禁止协议的目的是约束所投公司的股东、管理层及核心员工。它可以在一定程度上防止这些离职员工帮助公司的竞争对手，可对已离职员工形成一定的约束力，并且在员工犹豫是否要离开公司时，此协议会对其有一个心理暗示，对他们的决定具有一定的影响力。

例如，某电商公司有两位创始人，创始人 A 与创始人 B。在融资过程中，这家公司凭借其成功的销售经验和公司实力获得了 300 万元的融资，同时，融资双方签订了竞业禁止协议。但是，在公司发展过程中，创始人 A 与创始人 B 在企业经营上意见不合，而投资人更倾向于支持创始人 B。这时，创始人 A 就想脱离该公司，另行创业。

但由于创始人 A 在融资过程中已签订了竞业禁止协议，他就不能在短期内再从事电商销售这一行业。因此，如果他离开该公司，就必须从头开始，寻找其他行业的创业项目，结果费时又费力。

因此，创始人在融资时，需要充分认识竞业禁止协议，最好有相应的心理准备。如果必须要签订该协议，创始人就应该充分考虑协议所提及的所有条件，并尽早做好准备方案。这样，创始人才能避免在以后的公司发展中陷入被动局面。

第 18 章

如何保证创始人的控制权

创始人的控制权是融资谈判的底线，投资人可以参与公司的经营，但要有"度"。如果创始人和投资人分为两派，各执一词，那么公司的所有决策将很难被执行。因此，在控制权的问题上，创始人不能让步。

18.1 创始人应当拥有对公司的控制权

创始人作为项目的发起者，最了解项目，也对项目最有信心。创始人一般在公司里拥有最多的股权，因此其应当拥有对公司的控制权，这也有利于实现公司经营的长远目标。

18.1.1 由人力资本的特殊性决定

在互联网时代，创始人的控制权是由人力资本的特殊性决定的。与传统物质资本密集型公司相比，互联网时代的创业公司更看重人力资本，也就是创始人及其创业团队。

创始人及其创业团队拥有公司的核心技术并创造了独特的公司文化，在此基础上，公司才能实现高速发展。

从表面来看，如果创始人的股份比例不高，却拥有对公司的控制权，这似乎违反了传统公司治理的"资本多数决"［即在股东（大）会会议上，股东按照其所持股份或出资比例对公司重大事项行使表决权，经多数股东表决通过后，方可形成决议］结构。

但事实上，这种现象的实质是非人力资本提供者基于对人力资本提供者的经营决策能力的认可而做出的让步，是利益双方自愿达成的协议。

正如阿里巴巴集团大股东、软银总裁孙正义所说："这些年来，阿里巴巴为股东创造了巨大的价值，成绩惊人。阿里巴巴特殊的公司文化是其成功的核心，保持这种文化对公司继续向前发展非常重要。因此，我们非常支持阿里巴巴的合伙人制度。"

18.1.2　最优公司的治理结构的要求

除了人力资本的特殊性，最优公司的治理结构也要求创始人拥有对公司的控制权。通常来说，最科学、最有效的治理结构应该是一种状态依存的结构，这就意味着控制权应该与公司的经营状态相关联，不同状态下的公司应该由不同的利益相关者控制。

另外，对公司的治理也可以理解为各利益相关者之间的合约安排，其核心在于如何在不同的利益相关者之间合理分配公司的控制权。在公司中，创始人通过控制权建立起了权威，这就使得公司的经营业绩直接与创始人的经营管理活动相关联。

由于各利益相关者之间的合约安排不完备，严格遵守"资本多数决"治理结构的传统公司无法有效激励创始人及其创业团队。因此，由创始人牢牢把握对公司的控制权，才契合最优公司的治理结构。

18.1.3　有利于实现公司经营的长远目标

在互联网时代，创始人拥有对公司的控制权有利于实现公司经营的长远目标。对大多数创业公司来说，创始人最开始只有一个创意，但资金不够充足。当公司为了长远发展而不断引入投资人时，创始人的股份也被不断稀释。

包括创始人在内的所有股东都有统一的目的，就是让公司发展壮大，让自己的股份增值。为此，大多数股东都愿意让创始人拥有对公司的控制权，使创始人按照其规划的方向经营公司。

这样一来，公司便不会因控制权变更而出现一系列问题，从而使所有的利益相关者都能实现利益最大化。

18.2 创始人保证控制权的七大方法

融资轮次越多，创始人被稀释的股份就越多。如何在股份越来越少的情况下，仍保持在股东（大）会和董事会上的控制力与影响力，创始人有七种方法可以借鉴。

18.2.1 占股比例最多

对初创公司来说，其核心创始人的占股比例不能低于 50%，联合创始人的占股比例应为 10%～15%，天使投资人的占股比例不能超过 15%，然后再同比例稀释 15% 的股份作为期权值。由于核心创始人占股比例最多，因此其拥有最高的话语权、承担最多的责任。

微软创立之初，公司 64% 的股份由比尔·盖茨（Bill Gates）持有，而其余 36% 的股份由微软联合创始人保罗·艾伦（Paul Allen）持有。1980 年，微软处于高速发展阶段，急需扩充创业团队。此时，比尔·盖茨找到史蒂夫·鲍尔默（Steve Ballmer），希望他加入团队。刚加入微软时，史蒂夫·鲍尔默担任的职务是业务经理。

比尔·盖茨并没有轻易给史蒂夫·鲍尔默分配股份，而是给他提供了 5 万多美元的基本年薪及公司每年利润增长中 10% 的分成。随后，微软进入爆发性成长阶段，史蒂夫·鲍尔默得到的利润分成非常可观。

与此同时，微软首位风险投资人戴夫·马夸特（Dave Marquardt）抱怨微软仍然是一家私营合伙企业，他建议微软增加核心成员，对公司的股份进行重组，让更多的人持有微软股份。比尔·盖茨对于重组事宜没有兴趣，于是将这一项目交给戴夫·马夸特和史蒂夫·鲍尔默负责。

不久之后，他们便向比尔·盖茨和保罗·艾伦推荐了拟议的股权结构：公司 84% 的股份由比尔·盖茨和保罗·艾伦拥有，而史蒂夫·鲍尔默则放弃原来的利润分成条款，换取公司 8% 的股份，其余 8% 的股份由其他员工分享。最终，这一股权结构得以实施。

史蒂夫·鲍尔默最初进入微软时，比尔·盖茨并没有草率地将微软的股份分给他，而是用利润分成留下了他。当意识到微软的股权结构存在风险后，两位微软创始人最终将股份分散出去，用股份留住了核心员工的心。

在股份分配问题上，比尔·盖茨表现出了超高的智商。微软的案例对创始人的启示是一定要珍惜股份，能够用钱解决的问题就不要用股份，哪怕是 1% 或 0.5% 的股份在以后都有可能发挥巨大的作用。

股份对于创始人保证控制权有关键作用，所以股份要给最重要的人，即对公司发展有重大贡献的人。下面是对创始人保证控制权提出的三点要求。

1. 保证持有股权 50% 以上

创始人在引入外来资本时，应当保证引入的资本控股不超过 50%，保证自己直接或间接控制的股权比例高于 50%。如此一来，不管是增资、减资还是融资，都可以确保创始人主导公司的发展节奏和进度。

2. 支持自己的股东越多越好

创始人做出的一些决议或决策一般需要其他股东过半数的同意。因此，创始人在设置股东人数时，应当保证早期股东中与自己相关的股东占多数，且越多越好。

3. 不要将股份平分给联合创始人

作为创业公司的创始人，最好不要找太多的联合创始人，且无论是联合创始人还是投资人都不要为其分配过多的股份。股份平分是非常忌讳的问题，不利于保证创始人的控制权。

创始人应当明白激励机制和股份分配是不同的性质：把项目赚的钱拿出来与股东分享，这是激励；但股份分配不仅是分配钱，更多的是分配公司的控制权。因此，创始人在分钱时要大方，但在分股份时则要小心、慎重。

18.2.2　归集表决权

如果创始人无法通过股份保证对公司的控制权，则可以利用其他方法保证对公司的控制权，归集表决权就是一种比较好的方法。归集表决权是指将其他小股东的表决权归集到由创始人手上，这样就可以增加创始人在股东（大）会和董事会实际控制的表决权的数量。

例如，创始人只有 20% 的股权，相对应的就是 20% 的表决权，但当他把其他几个小股东拥有的 30% 以上的表决权归集在一起时，他就拥有了超过 50% 的表决权。

归集表决权的方式有三种，如图 18-1 所示。

图 18-1　归集表决权的三种方式

1．表决权委托

表决权委托是归集表决权最简单的一种方式，即其他小股东通过签署授权委托书直接将其持有的表决权授予创始人。一般来说，这种交易必须约定一个比较长的授权期限。

2．签署一致行动协议

签署一致行动协议也是归集表决权的一种方式，即创始人与其他小股东签署协议，大家按照统一意志对公司事项进行表决，如果其他小股东与创始人意见不一致，则按照创始人的意志进行表决。

3．通过持股实体控制小股东表决权

通过持股实体控制小股东表决权是一种复杂但稳定、可靠的归集表决权的一种方式。具体操作方法为：其他小股东设立一家持股实体间接持有公司股权，公司创始人通过成为该持股实体的法定代表人、唯一普通合伙人或执行事务合伙人的方式实际控制并行使该持股实体所持有的公司的表决权。

持股实体的形式包括有限责任公司和有限合伙企业两种。通过持股实体控制小股东表决权的好处是：如果公司建立了员工期权池，则可以通过持股实体把公司预留出来的用于期权激励的这部分股权的表决权集中到创始人手上。在这种情况下，即便创始人自身的股权低于 50%，也能拿到高于 50% 的表决权，实现控制公司的目的。

18.2.3　发行可赎可转优先股

可赎可转优先股的性质介于股权融资和债权融资之间，具件条款由创始人与投资人灵活商定。

京东早期融资轮次发行的股份就是可赎可转优先股。2007—2010 年，京东共发行了 A、B、C 三轮可赎可转优先股。

作为我国第一个成功赴美上市的大型综合型电商平台，京东从创立到赴美上市，一共经历了 7 轮融资，融资总额超过 46 亿美元。在一轮又一轮的融资中，其创始人刘强东的股份不断被稀释，却始终掌控着京东的控制权。

京东 A 轮融资的投资方为今日资本。2007 年 3 月，京东发行了 1.55 亿股 A 类可赎可转优先股，附带 1.31 亿份购股权。同年 8 月，今日资本行使了其 1.31 亿份购股权，两笔融资合计 1000 万美元。

京东 B 轮融资由今日资本、雄牛及梁伯韬联合投资。2009 年 1 月，京东发行 2.35 亿股 B 类可赎可转优先股，融资 2100 万美元。

京东 C 轮融资的投资方为高瓴资本。2010 年 9 月，京东发行 1.78 亿股 C 类可赎可转优先股，融资 1.38 亿美元。

三轮融资共为京东带来了 1.69 亿美元的现金流。由于早期估值较低，今日资本在 A 轮融资中获得的优先股占京东总股本的 30%，假如全部转股，刘强东的控制权有可能已经旁落，而不转股则可享受 8% 的年息。

投资人接受这种投资方式是有条件的，首先就是信任刘强东本人。今日资本集团的创始人徐新说过："把创始人喂饱，他才能舍命奔跑。"2006 年 10 月，徐新与刘强东第一次见面就一见如故，从晚上 10 点聊到了凌晨两点。徐新认为刘强东就是一匹黑马，当刘强东开口要 200 万美元的投资时，徐新直接给了他 1000 万美元。

今日资本除了在首轮融资中给了京东 1000 万美元，更在京东后续融资中加投了一轮。在京东上市之前，今日资本共持有京东 7.8% 的股份，按照京东上市时 450 亿美元的市值计算，其股权价值超过了 35 亿美元，这么高的投资回报率也为刘强东之后的巨额融资奠定了坚实的基础。

另外，投资人还看重京东过往几年的业绩及资金使用效率。正是因为京东的销售额从 2005 年的 3000 万元涨到了 2006 年的 8000 万元，今日资本才有信心通过可赎可转优先股为其投资 1000 万美元。2009 年，京东销售额达到 40 亿元，与 2006 年相比涨了 50 倍。暴涨的业绩是高瓴资本为其投资 1.38 亿美元的前提，也是京东成功融资的主要原因。

综上所述，创始人要想通过发行可赎可转优先股保证控制权，最重要的就是通过亮眼的业绩来说服投资人。

18.2.4 资产重组

资产重组是针对公司及公司外部的经济主体进行的，一般是指对公司资产的分布状态进行重新组合、调整、配置的过程，或重新配置公司资产权利的过程。那么，创始人如何通过资产重组保证对公司的控制权呢？

例如，当创始人在 A 公司掌握的股份较少时，可以与另一家自己控制的 B 公司进行资产重组，并对 B 公司发行股份。因为创始人本身持有 A 公司的股份，同时又是 B 公司的实际控制人，所以他最终掌握了 A 公司的控制权。

新三板挂牌公司贵州安凯达实业股份有限公司（以下简称安凯达）就是通过定向发行股份的方式，购买了安凯达石灰公司 600 吨/日活性石灰回转窑 BOT 项目的经营权及相关配套固定资产、债权和债务的。

本次资产重组前，安凯达创始人葛洪持有公司 51% 的股份。本次资产重组后，安凯达石灰公司持有安凯达 57.14% 的股份，成为安凯达第一大股东。

由于安凯达创始人葛洪持有安凯达石灰公司 60% 的股份，所以本次资产重组后，葛洪仍为安凯达的实际控制人，直接或间接持有安凯达 79% 的股份，保证了其控制权。

资产重组不是所有的创始人都能使用的方法，其使用的前提是除了本公司，创始人还持有另一家公司的股份，并且两家公司可以进行资产重组。

18.2.5 管理层收购

管理层收购是指公司管理层通过股权交易收购本公司投资人持有的股权，从而改变公司所有权、控制权和资产结构的行为。通过管理层收购，公司管理层能够以所有者和经营者合一的身份主导重组公司，进而获得产权预期收益。管理层收购可以激励内部人员的积极性、降低代理成本、改善公司经营状况。

管理层收购有利于降低公司代理成本和管理者机会成本，因此被视为一种有生命力的金融制度，受到了很多创业公司管理者的青睐。同时，管理层收购也是投资人退出的一种方式。

例如，北京一家公司的管理层通过杠杆融资、股权收购的方式最终取得了公司的控制权。公司总经理通过一项资产管理计划获得杠杆融资近 8 亿元。之后，他又进一步收购公司其他股东的股权，累计持股比例增至 29.3%，成为公司的实际控制人。完成管理层收购后，公司的股价一度高涨，颇受业内人士看好。

可以说，管理层收购对创始人来说利大于弊，因为它能够保持公司的独立性，避免因创业资本的退出给公司的运营造成大的震动。另外，创始人还能通过管理层收购保证公司的所有权和控制权。

18.2.6 修订公司章程

修订公司章程指的是创始人通过修订公司章程来增加外部竞争者的收购难度和时间成本，进而确保自身的实际控制权。比如，在公司章程中增加对股东的限制："连续持股时间需要达到 12 个月以上才有提案权和投票权。"以此来限制新股东的提案权与投票权，有效降低故意收购的风险。

新三板挂牌公司无锡常欣科技股份有限公司重新修订公司章程，在原来章程中增加了"公司董事、监事、高级管理人员在离职后半年内，不得转让其所持有的本公司股份"内容。

这项规定限制了公司高层人员在离职后的股份转让行为，保证了公司的股权结构不会因高层人员的人事调动而在短时间内发生剧烈变化，有利于创始人稳定掌握控制权。

18.2.7 双层股权结构

多轮次的融资会不断稀释创始人持有的公司股份，威胁创始人对公司的控制权。在这种情况下，采用双层股权结构，将股权和投票权分离，成为上市公司的普遍选择。如今，接受双层股权结构的国家越来越多，包括美国、德国、加拿大、新加坡、意大利、日本等。

为了解决控制权问题，京东创始人刘强东效仿谷歌、百度采用了双层股权结构。京东上市后，刘强东将其持有的 5.65 亿股 A 类股票转换为 B 类股票，每股有 20 份投票权；而其他投资人持有的都是 A 类股票，每股有只 1 份投票权。据此，刘强东获得了 83.7% 的投票权。

事实上，早在创业之初，刘强东就为京东制定了"烧钱上市"的路线。为了避免被大股东"赶下台"，刘强东采用了 B 股投票权 1:20 的罕见模式。在这种情况下，刘强东通过对自己投票权"1 股等于 20 股"的设计保证了公司控制权不会旁落他人。当然，前提是刘强东的股份不被稀释至低于 4.8%、控制总投票权超过 50%。

刘强东的股权设计是非常有前瞻性的，这也体现了刘强东的大胆和自信。刘强东通过罕见的股权设计成功拉到大额投资，这足以说明京东具有足够的吸引力，能让投资人将投票权的考量放在其次。

双层股权结构通过增加创始人所持股份代表的表决权数量，从而加大创始人在股东（大）会表决时的权重，是一种积极主动的保证创始人控制权的方式和策略。

第 19 章

制定合理的退出机制

退出是投资人的最后一步，当所投公司发展到一定阶段时，投资人就会考虑退出，这是投资变现或及时止损的好方法。退出的方式有四种，即首次公开募股并上市、股权转让、股权回购及公司清算。创始人应掌握这四种方式，制定合理的退出机制，让投资人知道自己在什么情况下可以退出。

19.1 首次公开募股并上市

首次公开募股不仅是一种融资方式，还是一种退出方式。公司首次公开募股并上市后，股票可以在证券交易所自由交易，投资人想要退出，只需卖出股票即可。

19.1.1 境外控股公司上市

境外控股公司上市指的是境内公司在海外"借壳上市"，是一种间接境外上市的方式。在这个过程中，境内公司与境外上市公司的联系主要通过资产或业务的注入、控股等方式来实现。

借壳上市包括两种模式，即买壳上市和造壳上市。这两种模式的本质都是将境内公司的资产注入壳公司，达到国内资产上市的目的。下面我们分别看一下买壳上市和造壳上市。

买壳上市有两个主体，一个是境内公司，另一个是境外上市公司。首先，境内公司需要找到合适的境外上市公司作为壳公司。然后，境内公司需要完成对境外上市壳公司的注资，获得其部分或全部股权。如此一来，境内公司就实现了境外间接上市的目的。

买壳上市有两个缺点：一是买壳成本高，二是风险比较大。由于境内公司对境外上市公司并不熟悉，在收购后发现买了垃圾股票，无法实现公司股份升值，从而导致相关利益方利益受损。

造壳上市是指境内公司在境外证券交易所所在地或其他允许的国家与地区开设一家公司，然后用外商控股公司的名义将相应比例的权益及利润输送至境外上市公司，以达到境外上市的目的。境内公司在境外注册公司的地区一般包括百慕大、开曼、库克、英属处女群岛等。

造壳上市也有两个缺点：一是境内公司需要将一大笔资金注入境外来注册公司，很多中小公司难以做到；二是境外证券管理部门对公司的营业时间有要求，所以从在境外注册公司到最终上市需要经过数年的时间。

19.1.2　申请境外上市

2016 年 10 月 27 日，中通快递在美国纽约证券交易所上市，募集金额达 14 亿美元，使中通快递成为继 2014 年阿里巴巴赴美上市以来规模最大的中国企业赴美 IPO 和当年美股市场最大 IPO。

中通快递是首家登陆美国股市的中国快递服务商，而申通、顺丰、圆通和韵达等快递公司纷纷谋求国内上市。2016 年 9 月 30 日，中通快递向美国证券交易委员会提交了招股说明书，表示其将发行 7210 万股股票，指导价格区间为每股 16.5～18.5 美元，计划募集资金为 13 亿～15 亿美元，股票代码为"ZTO"。

在国内快递公司纷纷选择国内 A 股上市的情况下，中通快递为什么选择赴美上市呢？业内人士分析中通快递选择赴美上市可能是因为不愿意与其他公司一样排队等待中国内地监管机构对 IPO 申请的核准。

针对境外上市，中国证监会下发的《关于股份有限公司境外发行股票和上市申报文件及审核程序的监管指引》文件中的详细规定如下。

"为更好地适应境内企业特别是中小企业的融资需求，服务实体经济发展，中国证券监督管理委员会（以下简称中国证监会）将进一步放宽境内企业境外发行股票和上市的条件，简化审核程序，提高监管效率。依照《中华人民共和国公司法》设立的股份有限公司在符合境外上市地上市条件的基础上，可自主向中国证监会提出境外发行股票和上市申请。根据《中华人民共和国证券法》和《国务院关于股份有限公司境外募集股份及上市的特别规定》等法律法规,制定本指引。

一、申报文件

公司申请境外发行股票和上市应提交下列文件:

(一)申请报告,内容包括:公司演变及业务概况、股本结构、公司治理结构、财务状况与经营业绩、经营风险分析、发展战略、筹资用途、符合境外上市地上市条件的说明、发行上市方案;

(二)股东大会及董事会相关决议;

(三)公司章程;

(四)公司营业执照、特殊许可行业的业务许可证明(如适用);

(五)行业监管部门出具的监管意见书(如适用);

(六)国有资产管理部门关于国有股权设置以及国有股减(转)持的相关批复文件(如适用);

(七)募集资金投资项目的审批、核准或备案文件(如适用);

(八)纳税证明文件;

(九)环保证明文件;

(十)法律意见书;

(十一)财务报表及审计报告;

(十二)招股说明书(草稿);

(十三)中国证监会规定的其他文件。

二、申请及审核程序

(一)公司申请境外发行股票和上市的,应向中国证监会报送本通知第一部分列明的行政许可申请文件。

(二)中国证监会依照《中国证券监督管理委员会行政许可实施程序规定》(证监会令第66号),对公司提交的行政许可申请文件进行受理、审查,作出行政许可决定。

(三)中国证监会在收到公司申请文件后,可就涉及的产业政策、利用外资政策和固定资产投资管理规定等事宜征求有关部门意见。

(四)公司收到中国证监会的受理通知后,可向境外证券监管机构或交易所提交发行上市初步申请；收到中国证监会行政许可核准文件后，可向境外证券监管机构或交易所提交发行上市正式申请。

（五）公司应在完成境外发行股票和上市后 15 个工作日内，就境外发行上市的有关情况向中国证监会提交书面报告。

（六）中国证监会关于公司境外发行股票和上市的核准文件有效期为 12 个月。

（七）境外上市公司在同一境外交易所转板上市的，应在完成转板上市后 15 个工作日内，就转板上市的有关情况向中国证监会提交书面报告。"

得到中国证监会的受理通知后，公司就可以向境外证券机构或交易所提交发行上市正式申请了。

19.1.3　申请国内上市

申请国内上市，发行的股票分为 A 股和 B 股两种。

A 股的正式名称为"人民币普通股票"，是指由中国境内公司发行的供境内机构、个人（含境内居住的港澳台地区的居民）以人民币认购和交易的普通股股票。一般而言，我们把在上海证券交易所和深圳证券交易所发行的用人民币进行买卖的股票统称为 A 股。

B 股的正式名称为"人民币特种股票"。它在中国境内（上海、深圳）证券交易所上市，以人民币标明面值，并以外币（在上海证券交易所以美元、在深圳证券交易所以港币）认购和交易。B 股主要供港澳台地区及外国的自然人、法人和其他组织及定居在国外的中国公民等投资人买卖。

我国 A 股市场诞生于 1990 年年底，其上市公司数量及总市值都远远超过 B 股，是中国股票市场当之无愧的代表。而我国 B 股市场于 1992 年设立，比 A 股晚了两年。但随着 B 股市场的发展，各种问题逐渐显露，如融资困难、交易冷清、估值低等。在这种情况下，B 股转成 A 股成为一种趋势。下面主要讲述 A 股市场。

我国 A 股市场分为主板、中小板、创业板、科创板四大板块。

其中，主板也叫一板，主要指传统意义上的股票市场，它是一个国家或地区证券发行、上市及交易的主要场所。主板上市对公司的营业期限、股本大小、盈利水平、最低市值等方面的要求非常高，上市公司大多为大型蓝筹、行业龙头、骨干型公司，如贵州茅台、云南白药、招商银行、青岛海尔、中国平安等。

中小板是指流通盘在1亿元以下的创业板块，它是相对于主板而言的。有些公司的条件与主板的要求相差不多，但无法在主板上市，所以只能在中小板上市。中小板市场是创业板市场的一种过渡，在资本架构上从属于主板市场。

2004年5月，经国务院批准，中国证监会批复同意深圳证券交易所在主板市场内设立中小企业板市场。在我国，中小板的市场代码以"002"开头。

创业板也叫二板，即第二股票交易市场。作为主板的补充，创业板专为暂时无法在主板上市的高科技公司、创业型公司提供融资途径和成长空间。在我国，创业板特指深圳创业板，市场代码以"300"开头。与主板相比，创业板的上市要求比较宽松，主要在公司成立时间、资本规模、中长期业绩等方面有要求。

科创板是独立于现有主板市场的新设板块，设立该板块的目的是提升公司的服务、科技、创新能力，增强市场包容性，强化市场功能。

在上述A股市场的四大板块中，需要注意的是，虽然中小板与主板的发行条件大体相同，但是从总体来看，中小板的总股本较小。相关统计显示，目前主板中约有95%的上市公司总股本超过4亿股，而中小板中的公司总股本大多不超过1亿股。

随着A股市场不断发展，无论公司在哪一板块上市，都可以通过上市提升其长期竞争力。根据深圳证券交易所披露的信息，上市的好处体现为以下五大效应。

1. 融资效应

公司通过上市可以募集所需的长期发展资金，改善资本结构；可以开拓直接融资渠道，持续在资本市场中筹集资金；可以提升信誉，更容易获得银行及其他金融机构的支持。

2. 品牌效应

上市是对公司管理水平、发展前景、盈利能力的有力证明；上市能提高公司知名度，树立品牌、开拓市场、招聘人才；上市能使公司及其控股股东进入社会经济的主流群体，扩大公司的影响力。

3. 治理效应

上市有利于公司明确产权关系，有效解决股权纠纷；有利于公司建立现代企业制度，规范法人治理结构，降低经营风险；有利于公司提高经营管理水平，引进职业经理人。

4. 激励效应

上市可以扩大公司员工的社会影响力，激发员工的责任感、荣誉感；上市公司的股份流通和股权激励可以让员工分享成长价值，有利于吸引和留住人才；上市公司的股价变动可以形成市场评价机制，对高管人员起到有效的激励作用。

5. 发展效应

上市能改变公司做大做强的模式，公司通过并购重组等资本运作手段能更快地成为行业领导者。

如果公司当前的规模已经满足上市条件，那么完全可以通过上市提升自身的竞争力。

19.2 股权转让

股权转让也是投资人退出的一种方式。根据股权交易主体不同，股份转让分为离岸股权交易和国内股权交易两种，下面将分别进行阐述。

19.2.1 离岸股权交易

离岸股权交易的股权交易主体为境外投资人。境外投资人在对境内公司投资时，首先会在一些管制宽松和税负较轻的离岸法区注册一家公司。注册的公司将作为壳公司对境内公司进行投资，而境外投资人可通过该壳公司间接持有境内公司的股权。

对境外投资人来说，在管制宽松和税负较轻的地区设置壳公司有助于他们日后对境内公司的重组。如果境外投资人决定退出在境内公司中的投资，则不需要直接出让境内公司的股权，也不需要经过我国有关主管部门的批准，而是直接将壳公司或壳公司的股权出售给其他投资人。这种股权转让交易就是离岸股权交易。

在离岸股权交易中，境内公司本身的股权结构没有发生变更，变更的只是公司的股东。因此，离岸股权交易只适用于境外壳公司所在的离岸法区的法律，并接受该离岸法区监管部门的管辖。

19.2.2　国内股权交易

国内股权交易指的是投资人直接出售境内公司的股权从而实现退出的一种方式。购买股权的投资人既可以是其他境外投资人，也可以是国内投资人。国内股权交易包括私下协议转让、在区域股权交易市场（即四板）公开挂牌转让等。

区域股权交易市场是私募市场，只为特定区域内的公司提供股权转让渠道。区域股权交易市场是我国资本市场的重要组成部分。对投资人来说，区域股权交易市场是股权转让的重要渠道；对创业公司来说，区域股权交易市场对股权交易和融资、鼓励科技创新和激活民间资本有积极作用。

从近期来看，区域股权交易市场发展迅速；从中长期来看，在国家政策和地方政策的支持下，各地区域股权交易市场总体保持持续发展的势头。与此同时，区域股权交易市场内的挂牌公司体现出了明显的优胜劣汰机制。

投资人通过股权转让的方式退出，对公司的股权结构不会产生影响，因为公司中只有部分股东发生了变化，其他未转让股权的股东不受影响。

比如，公司的股权结构为 40%、30%、30%，持有 30% 股权的其中一位股东通过股权转让退出了公司，公司的股权结构依然为 40%、30%、30%。不同的是，持有 30% 股权的股东发生了变化。

因此，如果投资人试图通过这种方式退出，创始人不需要忧虑太多，毕竟公司的钱没有少，公司的股权结构也没有任何变化。

19.3　其他退出方式

除了首次公开募股并上市和股权转让，还有股权回购和公司清算两种退出方式。股权回购是公司主动回购投资人的股权，而公司清算则是因项目经营不善，导致公司破产清算、投资人被动退出的一种情况。

19.3.1　股权回购

股权回购分为股东回购和管理层收购两种方式，这里主要讲股东回购。

股东回购是指公司其他股东按照约定价格将公司的股权从投资人手中购回，从而使投资人退出的一种方式。股东回购的本质也是一种股权转让，只是与股权转让的主体不同。

如果公司的发展潜力好，股东有信心通过回购股权增加股份占比，实现对公司的管理和控制，就可以从其他投资人手中回购股权，这种回购属于积极回购；如果公司发展不顺利，触发回购条款，投资人主动要求股东回购股权，那么这种回购属于消极回购。

通常情况下，股东回购的退出方式并不理想，它只保证了当公司发展不顺利时，投资人才可以安全退出。

早在最初分配股权的时候，创始人就应制定好后期的退出机制。创业公司在发展过程中，难免会遇到核心人员变动的情况，尤其是已经持有公司股权的投资人中途退出该项目。面对这种情况，创始人应当利用股权回购这一方式有效降低投资人退出给公司带来的不利影响。

关于股权回购的方式，创始人应当与投资人提前约定好，在投资人退出时，公司可以按当时的估值对投资人手里的股权进行回购，回购的价格可以按当时公司估值的价格适当溢价。为了防止出现投资人中途退出公司却不同意回购股权的情况，创始人可以在投资协议中设定高额的违约金。

19.3.2 公司清算

如果项目经营失败，那么投资人往往会采用清算的方式退出，以尽可能多地收回投资资金。清算是公司倒闭前的止损措施，但并不是所有快要倒闭的公司都会进行破产清算，因为申请破产并清算是有成本的，并且还要经过复杂的法律程序。

如果项目经营失败，但公司没有其他债务或只有少量债务，且债权人不予追究，那么公司往往不会申请破产清算，而是通过协商等方式分配公司的剩余资金。

一般来说，投资人会通过投资条款清单中的优先清算权来确保公司发生清算时自己的利益不受损害。

通过清算来退出是不得已而为之的一种方式，虽然投资人可以通过清算收回部分投资资金，但是这也意味着该项目的投资亏损，资金收益率为负数。

第 20 章

如何跳出融资陷阱

随着经济市场的多元化发展，创投圈中不免出现鱼龙混杂的情况。投资人为保护自身利益，有时会在投资协议中设置融资陷阱，一些"小白"创始人融资经验不足，常会被这些霸王条款"套路"。如何跳出融资陷阱，是创始人需要特别关注的问题。

20.1　最损害创始人利益的三个坑

投资人设置融资陷阱的目的各有不同，但其根本目的还是压榨创始人的利益，使自己获利。其中，对赌、强卖权、公司章程设计不当是最损害创始人利益的三个坑，创始人要足够了解这些坑，才能提前防范。

20.1.1　对赌：威胁创始人的控制权

有些创始人因为公司资金紧张而急于寻找投资人，投资人往往就会利用这一时机要求创始人签订对赌协议。然而，投资人设定的对赌协议可能非常严苛，创始人几乎没有实现对赌目标的可能。

比如，以下对赌协议的内容几乎没有实现的可能："第一年营业收入不低于1000万元且净利润不亏损，第二年税后净利润不低于5000万元，第三年税后净利润不低于1亿元。若未达成相应条款，投资方有权要求创业团队赎回股权。"

在公司财务告急的压力下，创始人往往只能接受对赌协议，从而获得投资。对于成立不满两年的初创公司来说，这种对赌协议中的条款显然是无法实现的，而一旦无法完成对赌协议中的条款，将会牵连公司共同承担后果。下面我们一起来看对赌的四大风险。

1. 业绩目标不切实际

创始人经常混淆"战略层面"和"执行层面"的问题。如果对赌协议中约定的业绩目标不切实际，当投资人注入资本后，常常会将创业公司引向不成熟的商业模式和错误的发展战略。最终，公司将会陷入经营困境，创始人必定对赌失败。

2. 公司内外部经济环境的不可控风险

如果创始人急于获得高估值融资，并且对公司的未来发展过于自信，那么他往往会忽略公司内部和外部经济环境的不可控风险，认为自己与投资人的要求差距很小甚至无差距，这就会导致创始人做出错误的对赌约定。

3. 忽视控制权的独立性

忽略控制权的独立性是大多数创始人很容易犯下的错误。创始人与投资人本应互相尊重，但是不排除投资人出于某些原因而向公司安排高管，插手公司的日常经营和管理。在这种情况下，公司的业绩往往会受到投资人的左右。因此，在签订对赌协议后，怎样保持公司控制权的独立性还需要创始人做好戒备。

4. 对赌失败失去对公司的控制权

条件温和的对赌协议尚可，如果遇到对公司业绩要求极为严苛的对赌协议，创始人就有可能因为业绩发展没有达到协议约定的目标而失去对公司的控制权。

20.1.2 强卖权：不经创始人同意将股份转卖

强卖权也叫领售权，是指投资人在卖出其持有的公司股权时，要求公司其他股东一同卖出股权。关于强卖权的概念，可参考 17.2.5 节的相关内容，本节将着重介绍应对强卖权的三大措施。

第一，拒绝所有股东都能单独发起强卖权。建议半数以上投资人和创始人股东同意才能发起强卖权，而不是让所有股东都能单独发起强卖权。同时，创始人还可以提高触发强卖权条款的股权比例。触发强卖权条款的股权比例越高越好，如必须在持 50% 以上公司股权的股东要求行使强卖权时，该条款才能被触发。

第二，限制强卖权的启动时间。投资人拥有强卖权，但不能在投资后 1~2 年就使用，创始人可以约定在交割 5 年以后投资人才能启动强卖权。

限制强卖权的启动时间可以防止投资人违背设立该条款的初衷，滥用强卖权。与此同时，限制强卖权的启动时间可以给公司留出更多时间来自我发展，这对创始人来说是有利的。

第三，限制受让方。创始人在与投资人签约时可以约定在其行使强卖权时购买公司股权的第三方主体不能是竞争对手、投资人投资的其他公司、与投资人有任何关联的公司及个人等。限制受让方可以杜绝投资人在利益驱使下发生贱卖公司的行为。

此外，创始人还可以通过公司股东享有的优先购买权来限制受让方。也就是说，当投资人行使强卖权出售公司股权时，公司创始人或其他原始股东可以以同样的价格和条件将投资人欲出售的股权买下，从而避免公司被其他第三方收购。

对于强卖权条款，创始人尤其需要警惕，因为如果该条款行使不当，则很可能导致公司的控制权旁落他人。

20.1.3　公司章程设计不当：投资人任免 CEO 等重要岗位

公司章程是公司成立的基石、公司治理的指南，对于公司经营的各个层面都有指导和约束作用。

从创始人掌握公司控制权的角度来看，公司章程的重要性有增无减。如果公司章程设计不当，那么创始人作为 CEO 有可能会被赶出董事会和股东（大）会。比如，一旦触发某些条件，投资人就可以通过法定流程更换 CEO，苹果的 CEO 乔布斯曾离职也是这个原因。

公司章程设计得当，对内可以帮助创始人掌控公司的经营管理，对外可以对抗投资人的恶意收购。

例如，A 公司成立时，创始人 B 和创始人 C 的股份分别为 50% 和 50%，他们分别担任公司的董事长和总经理。公司经营了一段时间后，两位创始人 B 和 C 因为经营理念不合产生了巨大的分歧，担任总经理的创始人 C 随后对公司采取放任不管的态度，既不履行自己作为股东和总经理的义务，也不退出公司。

创始人 C 负责公司的具体经营，他的失职造成了公司经营严重受阻，而因为他持有公司一半股份，所以股东（大）会也无法召开，公司彻底陷入僵局。

创始人 B 开始寻找办法将创始人 C 除名，但是相关法律对此唯一明确的规定是在股东未履行出资义务或者抽逃全部出资的情况下，公司可以解除该股东的股东资格。在这种情况下，创始人 B 只能依靠公司章程的具体规定进行处理。然而，A 公司的公司章程就是工商局的模板，没有对此做出任何规定。法律上没有相关规定，公司章程也不能为其提供支持，因此 A 公司的僵局根本无法得到有效化解。

上述案例向我们展示了公司章程的作用，它能够对公司经营的各个层面进行有效规定。从公司控制权的角度来看，公司章程的主要内容包括以下几个方面。

① 法定代表人：《公司法》第十三条规定："公司法定代表人依照公司章程的规定，由董事长、执行董事或者经理担任，并依法登记。公司法定代表人变更，应当办理变更登记。"

② 股东（大）会职权：除《公司法》规定的法定职权外，公司章程中也可以自由约定股东（大）会职权。

③ 股东表决权的分配和限制：在有限责任公司中，股东的表决权可以由股东自行分配。不过，为了保证自己的控制权，创始人也可以通过公司章程对表决权进行限制。

④ 董事会人数、董事任期、董事长的产生：有限责任公司的董事会成员为3～13 人，具体人数可自行确定；董事任期每届三年，也可另行约定，但不得超过三年；董事长可以通过约定的方式产生。

⑤ 董事会职权：除《公司法》规定的法定职权外，公司章程中也可以自由约定董事会职权。

⑥ 股权转让：公司股东转让股权，可以根据《公司法》规定，也可以自行约定。

⑦ 其他条款：只要是不违背法律强制性、禁止性规定的条款，公司章程中都可以进行约定。

通过设计合理的公司章程，创始人可以实现对公司股东（大）会和董事会的控制，从而把控公司。

20.2　三大填坑法宝

与投资人相比，创始人不是专业的金融从业者，对融资很难精通。对此，面对投资人设下的融资陷阱，创始人要学会借助外部力量来保护自己的利益免受损害。

20.2.1　聘请律师做融资顾问

在一家创业公司里，真正精通融资的人很少，如果不聘请一位专业的律师做融资顾问，融资过程可能没那么顺利。专业的融资顾问可以凭借其专业的融资知识和丰富的融资经验为公司设计融资方案、解决各种法律问题、规避融资风险。

融资前，融资顾问可以对融资项目的法律环境和政策环境进行尽职调查，确保项目的有效性和可操作性。在融资的过程中，融资顾问可以参与谈判，审核投资人的投资条款清单和投资协议等相关法律文件，对融资中可能出现的股权变动、公司管理权共享等诸多法律问题进行处理，确保公司操作合法、有效。

具体来说，在融资的过程中，融资顾问的业务包括对融资项目进行尽职调查、全面的法律风险评估及可行性分析；就融资项目提出专业的法律意见，对可能涉及的法律事务进行法律分析；设计融资方案及融资框架，选择合适的融资方式；参与融资谈判；起草、审查有关融资项目的各种合同文件，包括项目融资合同、担保合同等，并提供律师见证服务；办理融资所需文件的批准和登记手续；协助创始人调整公司治理结构，制定风险管理机制；监督融资项目的日常经营管理，及时处理相关法律问题。

如果有条件的话，创始人最好聘请一位专业律师做融资顾问，千万不要吝啬成本，最后因小失大。

20.2.2　谨慎选择资本类型

资本类型分别两种，一种是财务投资人，另一种是战略投资人。创始人需要了解这两种资本类型，根据自己的需要选择投资人。一旦选错投资人，公司融资后的发展很可能会因为投资人和创始人的意见不一致而受到影响，导致公司无法按照创始人规划的路线发展。

1. 财务投资人

财务投资人投资的直接目的是快速获得财务回报。比如，市场上常见的各类基金都是财务投资人。换句话说，财务投资人投资的最终目的是盈利，且他们最终会通过公司上市或股权转让等方式退出。一般来说，市场空间广阔、高成长性的项目比较容易受到财务投资人的青睐。

财务投资人给创始人带来的好处有两个。一是专业性。对专业的财务投资人来说，"融、投、管、退"是基础必备知识，他们对市场的分析和判断非常精准，且拥有良好的管理能力，这都是推动创业项目快速发展的有利因素。二是大型投资机构的品牌背书作用。如果你拿到了红杉资本、经纬中国、IDG 资本等大型基金的投资，那么他们为你带来的高品牌价值，远比高估值更重要。

接受财务投资人的投资也有一个弊端。由于财务投资人的目的是获得短期回报，所以他们会给创始人施加非常大的压力。他们可能希望创业公司尽快上市，让他们完成退出，然而过于急躁反而揠苗助长。

2. 战略投资人

战略投资人投资的直接目的是产业整合。比如，TMT 行业三大巨头就是战略投资人的典型代表。

如果创业公司与战略投资人的公司的整合空间大，可以帮助战略投资人的公司扩大市场占有率，那么战略投资人就会选择投资该创业公司。战略投资人更倾向于长期持有被投公司的股权，还有可能会直接收购被投公司。他们的目的决定了他们必须对创业公司有很强的话语权，并通过产业整合扩大其市场占有率，从而通过高溢价来获得收益。

战略投资人给创始人带来的好处有两个。一是资源支持。战略投资人大多拥有强大的资源储备，包括资金、技术、人才、管理、市场等。这些资源可以帮助创业公司迅速打开市场。二是对有产业整合可能性的创业公司要求较低。战略投资人挑选创业公司最看重的因素就是其产业整合的可能性。即使你的公司市场空间不大，业务发展也不出色，但只要战略投资人从你的公司中看到了产业整合的可能性，他们就愿意投资你的公司。

与财务投资人相比，接受战略投资人的投资的弊端更多一些。

（1）接受战略投资有站队风险

业内人士将接受战略投资的行为称为"认干爹"。"认干爹"的直接影响是如果你选择站在这一方，就无法与行业内其他领头者合作。

（2）创业公司可能会失去独立性

战略投资人一旦看中创业公司的某个项目，大多会希望收购这个项目，并将其打包到自己的公司里。在这种情况下，战略投资人也就控制了这家创业公司，而创始人则失去了对公司的控制权。

（3）战略投资人缺乏投资管理经验

战略投资人的投资管理成本非常高，且其管理团队不够专业，缺乏投资管理经验。

在选择资本类型时，创始人容易陷入以下三个误区。

1. 拿到钱是第一位，其他都是其次

最近几年融资越发困难，很多创始人都感受到了资本寒冬的压力。然而，创始人在融资时必须有底线，千万不能因为融资难就一味降低要求，随便签下投资协议。

有些创始人因为公司财务紧张急需寻找财务投资人，然而财务投资人没找到，战略投资人却找上门了。那些试图进行战略投资的上市公司往往会要求创始人签订严苛的对赌协议，这对创始人来说是不可不防的陷阱。如果创始人为了获得融资而签订对赌协议，一旦无法达成对赌目标，就会导致公司的发展陷入停滞状态，甚至直接导致公司倒闭或破产。因此，创始人一定要了解对赌协议的弊端并加以重视。

2. 产业资本就是战略投资

一些创始人认为产业资本就是战略投资，拿了产业投资人的钱就等于"卖身"，其实并非如此。如果产业资本的投资比例低于30%，并且产业投资人愿意不限制公司的发展，那么产业投资人也可以充当财务投资人的角色。在这种情况下，接受产业投资人的钱比接受财务投资人的钱更好。比如，和佳股份投资汇医在线后，在汇医在线进行下一轮融资时放弃了优先认购权，给汇医在线创造了比较宽松的发展空间。

3. 获得产业投资人的投资就会获得资源支持

例如，复兴资本投资的公司非常多，因此其不可能将资源平均分配给所有的被投公司，只有那些被看好的"头部"创业公司才会获得优质的资源支持，而那些表现一般的被投公司则不会获得太多关注。

这个案例告诉我们，不要以为背靠产业资本就能获得资源支持，找投资人的目的并不只是找钱，还是找一个重要的长期合作伙伴。因此，创始人在选择投资人时，要审视自己创业的初衷，想清楚自己到底需要什么样的投资人。

20.2.3 设置有利于创始人的股权架构

合伙人制度是有利于创始人的股权架构，下面以阿里巴巴为例来详细阐述这一制度。

阿里巴巴的合伙人制度是公司章程中设置的提名董事人选的特殊条款，即由阿里巴巴的合伙人来提名董事会中大多数董事的人选，而不是按照各自持有的股份比例分配董事提名权。需要注意的是，这里的合伙人的权责是有限的，合伙人并不能直接任命董事，他们所提名的董事依然需要经过股东会的投票同意才能任命。

在互联网时代，创业公司的发展需要插上资本的翅膀。然而，大量资本的引入会削弱创始人对公司的控制权。作为创业公司的核心竞争力，创始人及其创业团队必须选择一种新的治理结构来对抗传统公司的"资本多数决"治理结构，从而实现对公司的控制权。阿里巴巴的合伙人制度就是这种潮流的体现，这种制度与双层股权结构的目的是一样的，只不过表现形式不同。

阿里巴巴的合伙人制度有以下四大优势。

第一，阿里巴巴的合伙人制度将公司的控制权在形式上归于30人左右的核心高管团队——合伙人会议。合伙人会议在一定程度上实现了集体领导，有利于公司内部的激励。

第二，阿里巴巴的合伙人制度中包含退休、除名等退出机制，具有一定的纠错能力。除名制度对普通合伙人、永久合伙人及荣誉合伙人同样适用，体现了一定的包容性。

第三，阿里巴巴合伙人的选举仍然由马云等创始人决定，最终还是将公司的核心控制权集中在马云、蔡崇信等创始合伙人手中。

第四，阿里巴巴的合伙人制度并没有对股权进行十分严格的限制，这在一定程度上降低了现有合伙人的套现难度，从而使核心合伙人继续保有控制权。

阿里巴巴的合伙人制度也有一定的局限性。在这种治理结构下，公司的核心控制权将由少数管理层掌握，不利于股东利益的保护，存在一定的道德风险，因此这种制度对市场监管机构提出了更高的要求。美国纽约证券交易所接受了阿里巴巴的合伙人制度，事实上是对自己市场监管能力的一种自信。

创业之初就设置有利于创始人的股权架构等于提前规避了风险。股权架构是公司治理结构的基础，公司治理结构则是股权架构的具体运行形式。不同的股权架构决定了不同的公司治理结构，间接影响了公司的行为和绩效。对创业公司来说，一个好的股权架构是至关重要的，它可以凝聚创业团队的向心力，提高公司的竞争力，使每位合伙人获得的利益最大化。

股权架构的设置是一个动态的过程，即使已经上市的公司，也会因发展需要而调整股权架构。创业公司的商业模式还在探索之中，其核心团队也没有正式形成，因此公司的股权架构要以公平为第一要义，确定公司的领头人拿到的股权最多，同时要为公司的未来发展预留足够的空间。

第 21 章

融资过程中的常见问题

许多创始人都认为融资困难，那么究竟是哪个环节出问题了呢？本章介绍了一些融资过程中的常见问题，创始人可以通过借鉴前人的经验来解决自己遇到的融资问题。

21.1 投资人中途撤资怎么办

本来已经签订了投资协议，而投资人却中途撤资了，这无疑会给创始人造成极大的困扰。面对投资人的中途撤资，创始人该如何解决，是极力挽留还是忍痛分离？这需要创始人提前想好应对措施。

21.1.1 做好财务预测

财务预测可以帮助创始人制订和执行各种计划，有助于公司的成长。在创业阶段，成本预测和收入预测是一门必修课。许多创始人认为对公司进行精准的财务预测会花费大量时间，还不如将这些时间用于寻找投资人。然而，如果没有一套周密的财务计划，当投资人中途撤资时，则创始人很可能会陷入危机。

创始人可以从以下三个方面进行财务预测。

1. 成本预测

在创业初期，成本预测工作比收入预测工作更简单。创业的固定成本包括租金、水电等公共费用，法律/保险/许可费用，技术成本，营销费用，工资等；

可变成本包括商品成本、材料和供应成本、直接人工成本等。

创始人在进行成本预测时应遵循以下原则：加倍预测广告和营销成本；三倍预测法律/保险/许可费用；记录直接销售和客户服务的时间，将它们作为直接人工成本。

2. 收入预测

忽略理想主义、完全基于保守的设想来进行收入预测是不合理的；相反，创始人应当积极设想，至少制订一份理想的收入计划。因此，在进行收入预测时，创始人可以在保守的设想的基础上，根据积极的设想放宽收入计划中的一些条件。

例如，一份保守的收入计划是这样的：投资人中途撤资、产品价格低、营销渠道只有两条、没有销售人员、前两年每年推出一种新产品。而另一份积极的收入计划是这样的：基础产品的价格低、高端产品的价格高；营销渠道有四五条；聘请两名销售人员；第一年推出一种新产品，第二年推出两种新产品并逐年增多。一份雄心勃勃的收入计划，可能会带给创始人更多突破性的想法。

3. 检查关键比率

很多创始人致力于达到理想的收入目标而忽视成本。积极的设想可能会帮助创始人增加销售额，但对于减少成本没有丝毫帮助。平衡收入计划和成本计划最好的办法就是检查各种关键比率。

（1）毛利率=（主营业务收入-主营业务成本）/主营业务收入×100%

创始人要重视那些能让毛利率提高的假设条件。如果目前客户服务成本和直接销售成本很高，那么将来有可能会更高，因此创始人必须加以重视。

（2）营业利润率=总营业利润/全部业务收入×100%

创始人应该采取积极的举措提高营业利润率。不少创始人认为随着业务收入的增加，管理成本占总成本的比率越来越小，而营业利润率将越来越高。但在实际操作中，不少创始人并没有做到这一结果，其根本原因是他们没有全面考虑可能出现的开支变化。

（3）客户总数与员工总数的比率=客户总数/员工总数×100%

创始人要思考这个比率的合理性，试想每个员工管理的客户数是否与员工的工资成本相对应。

为初创公司制订一份精确的财务计划是需要时间的。有些创始人在创业之初将计划制订得很粗糙，他们认为公司的商业模式总在变化，因此不需要太精确的财务计划，但之后他们都为此而后悔。因此，创始人应该每个季度更新一次公司的财务计划，以保证自己随时保持清醒、客观，避免陷入过度乐观的状态。

21.1.2　密集约见投资人

国内外的投资机构和投资人非常多，为了应对投资人中途撤资的情况，创始人应当密集约见投资人，不要设定限制。

大部分项目每轮融资平均都要谈几十个投资人，因此创始人可以列一张投资人清单。投资人清单应包括资金实力较强的朋友、同行创始人、同职业之人、公开的投资人名单等。

在与投资人广泛接触之后，创始人就能判断出哪个投资人更专业了。有了初步的判断后，创始人就可以从中筛选出 3～5 个有真正投资意向的投资人进行深入的接触和沟通。

之后，创始人需要选择其中一个投资人，与之签订投资条款清单。此时一定要注意：签署投资条款清单并不意味着投资人一定会投资，有的投资人轻易就签署了投资条款清单，但是最后并没有投资。对于这种情况，协立投资创始合伙人瞿刚说："你很难区分究竟是项目本身在尽职调查时被发现问题，还是他们从一开始就没有打算投。"

魔方金服创始人凌骏的做法是在拿到正式协议前，一刻都不能放松，随时准备新的融资。凌骏在为魔方金服寻找 A 轮融资时，一刻都不敢放松，直到凯泰资本和戈壁创投的 9500 万元投资资金到账，他才稍微放松了警惕。

因此，对创始人来说，在资金到账之前，始终不能放弃寻找投资人。即使钱到手了，投资人也可能中途撤资。因此，在融资前密集约见那些有投资意向的投资人是非常重要的。

21.1.3　与投资人约定赔偿方案

投资人中途撤资肯定是有目的的，一般来讲，投资人中途撤资的原因有两个：一是投资人发生变故，急需用钱；二是投资人不再看好所投项目的发展前景，想要寻找更好的投资项目。

如果初创公司经营不善，那么投资人的损失将会进一步扩大，因此投资人选择撤资是一种及时止损的行为。但是，投资人中途撤资不能违反《中华人民共和国合伙企业法》第四十六条的规定："合伙协议未约定合伙期限的，合伙人在不给合伙企业事务执行造成不利影响的情况下，可以退伙，但应当提前三十日通知其他合伙人。"

在这种情况下，如果投资人仍选择退出，并给公司造成了实际损失，那么创始人大可以要求这位"不负责任"的投资人赔偿损失。

为了防止出现不负责任的投资人，创始人可以进行一些技术处理。比如，在早期沟通时与投资人就中途撤资等问题进行协商，对因中途撤资而造成的损失明确好违约责任，提高投资人撤资的成本，并写入书面的投资协议中。当中途撤资的代价太大时，投资人就不会随便做出撤资决定了。

21.2　投资人想要一票否决权，创始人应该给吗

投资人拥有一票否决权实际上就是拥有了对公司重大决策的控制权，如果创始人不希望投资人过多地干涉公司的事务和决策，那么当投资人提出想要一票否决权时，创始人应当慎重考虑。

21.2.1　先看投资人的投资金额和股权比例

对于是否接受投资人提出的这个请求，创始人要先看投资人的投资金额和股权比例。如果是种子轮或天使轮较小额度的融资，投资人一般不会要求一票否决权，因为此时其投资金额较小、股权比例较低，所以投资人坚持用一票否决权来保护自己是不合理的；如果是 A 轮及后续轮次的融资，大多数投资人都会坚持要求一票否决权，因为此时其投资金额较大、股权比例较高，所以这一要求也是合理的。

需要注意的是，创始人应尽量避免将一票否决权单独赋予各个投资人，尤其是投资金额较小、股权比例不高的跟投人。比如，股权比例为 20% 的领投人要求一票否决权，而股权比例为 3% 的跟投人也要求一票否决权，那么建议创始人只答应领投人的要求，等跟投人在下轮融资中领投时再答应他这个要求。

此外，投资人的股权比例较高时，如占股超过 33.34% 时，他实际上就已经

拥有了一票否决权。这是建议初创公司分散投资人的一个重要原因，这样可以避免单个投资人股权比例过高带来的控制权旁落的风险。

21.2.2 设置一票否决权的合理范围

创始人应该了解一票否决权的范围，下面所列举的公司重大事项，都在一票否决权的范围内。

① 关于公司最重大事项的股东（大）会决议：融资导致的股权结构变化；公司合并、分立或解散；涉及股东利益分配的董事会及分红。股东（大）会决议通常涉及公司章程的变更。

② 关于公司日常重大事项的董事会决议：终止或变更公司的主要业务；高层管理人员的任命与免职；对外投资等预算外交易；非常规借贷或发债；子公司股权或权益处置等。

从整体来看，股东（大）会决议的范围仅限于涉及股东权益的最重大事项，而董事会决议的范围则涵盖了公司日常运营中的各种问题。

了解清楚一票否决权的范围后，你会发现这一条款有很大的谈判空间。比如，接受投资人拥有一票否决权，但是限定投资人在特定事项上使用一票否决权的条件。

例如，当公司以不低于特定估值的价格被收购时，投资人不可以使用一票否决权，这样可以避免投资人对投资回报的期望太高，阻止公司被收购。另外，创始人甚至可以将一票否决权的范围限制为对投资人利益有重大损害的事项。

21.2.3 请经验丰富的律师提供务实的解决方案

创始人在了解一票否决权的范围后，应在签署投资条款清单和投资协议之前及时寻求律师的帮助，请其提供务实的解决方案。比如，创始人已经答应了给早期投资人一个董事席位，就没有必要再另外给他一票否决权了。

最好不要等签完了投资条款清单才让律师介入，因为如果律师认为一票否决权的范围需要修改，则将导致创始人陷入被动。

综上所述，投资人要求一票否决权，创始人应根据其投资金额和股权比例决定是否同意。在赋予投资人一票否决权后，创始人应设置一票否决权的合理范围，并请经验丰富的律师根据具体情况提供务实的解决方案。

21.3　投资人提出不合理请求如何处理

投资人可以在合理范围内向初创公司提出请求，但有些时候投资人的请求并不合理甚至让创始人无法接受，如要求创始人提供私人帮助或过度插手公司管理。对于投资人提出的不合理请求，创始人可以用一些巧妙的方法进行化解。

21.3.1　要求创始人提供私人帮助

投资人要求创始人提供私人帮助，创始人是否答应要看两点：第一，这种私人帮助是否在投资协议规定的权利与义务范围内；第二，这种私人帮助是否威胁公司利益。

如果是投资协议范围内的帮助，创始人自然要提供；如果是投资协议范围外的帮助，且对公司没有坏处，创始人可以酌情提供。但是，需要明确一点，这些只是私人意义上的帮助，这些帮助虽然有助于拉近双方的距离、增进双方的感情，但是不适用于作为交易筹码。

如果这种私人帮助是一种对公司有害的行为，那么创始人不仅要拒绝，还应尽可能远离这种投资人。对公司有害的行为包括挪用公司资源、违反公司竞业限制等，创始人需要擦亮双眼辨别这种行为。

有时候，投资人遇到麻烦，创始人主动提供私人帮助，可以获得投资人的好感，有助于拿到投资。例如，美国创始人红杉·布洛杰特（Sequoia Blodgett）就通过向投资人提供帮助轻而易举拿到了投资人的投资。

红杉·布洛杰特是一位从娱乐行业转行到科技行业的创始人，她创立了在线教育公司 7AM，而硅谷顶级投资人蒂姆·德雷珀（Tim Draper）是她的天使投资人。

那么，红杉·布洛杰特是怎么做到的呢？她本来是音乐、娱乐领域的工作者，由于生了一场大病，无法继续原来的工作，于是她决定创业。在得知蒂姆·德雷珀发起了创业指导项目"英雄学院"后，她非常想参加学院的创业课程，因为她知道，这个课程肯定有利于自己日后创业。

然而，英雄学院的学费非常高，一个 7 周的课程要花费近 1 万美元。由于支付不起昂贵的学费，所以她想通过众筹来筹集学费。然后，她开始打电话给朋友和曾经的同事，希望得到他们的帮助。一个朋友告诉她，自己大学实习过的某个电台节目负责人正在做一档火爆的电台节目，她可以上节目试试。

于是，她想到了一个方法，如果自己和英雄学院的学员一起出现在这个节目上，这样不仅可以为自己众筹学费，还能帮助英雄学院提升知名度。令她想不到的是，英雄学院的创始人蒂姆·德雷珀居然找到自己，提出要与自己一起上节目。在此之前，她根本没有见过蒂姆·德雷珀。

两周之后，她和蒂姆·德雷珀到了那家电台，完成了一期非常成功的节目，他们之间的关系也因此亲近了很多。随后，她成功进入英雄学院学习创业课程，并拿到了蒂姆·德雷珀的投资。

红杉·布洛杰特认为自己之所以能拿到蒂姆·德雷珀的投资，是因为自己为他提供了一些东西，而这些东西正好可以帮到他。红杉·布洛杰特称："如果想获得投资，有时候仅有商业计划书是不够的，你需要想想自己能为投资人提供什么额外的价值，在这个基础上再去认识投资人，就会容易得多。"

红杉·布洛杰特的案例告诉我们，在接触投资人之前，可以了解投资人当前是否遇到一些麻烦及自己是否可以为其提供一些帮助。总之，创始人额外为投资人提供一些必要的帮助是与投资人打交道的好方法。

21.3.2　过度插手公司管理

投资人成为公司股东后，可以监督创始人的经营管理活动，提出意见或建议。在大多数情况下，投资人适度的监督可以督促创始人进行学习，帮助公司成长。但有些投资人过度插手公司管理，就会激化和创始人的矛盾。

这时候，创始人需要与投资人进行充分的沟通。创始人可以直接向投资人说明自己不希望他这样做，并依据投资协议中规定的权利与义务对其加以警告和限制。

如果沟通无效，很可能是因为投资人已经开始怀疑创始人的能力了。此时，创始人需要用公司的财务数据来说服他，向他证明公司发展平稳，并且可以发展得更好。敌视投资人或与投资人对着干的行为是非常幼稚且不可取的。

如果投资人与创始人已经水火不容或双方的矛盾已经阻碍了公司的发展，

那么创始人就可以想办法让投资人退出了。创始人可以从以下两步入手让投资人退出。

第一步，与其他合伙人及公司高层管理人员沟通。一方面，向他们说明自己的看法；另一方面，向他们征询意见。如果大多数高管做出决定让这个投资人退出，创始人就可以付诸行动了。

第二步，与投资人摊牌，商定其股权退出的问题。这时，如果其他股东能优先回购投资人的股权是最好的。如果投资人不愿意退出，那就只能考虑稀释其股份了。

股份稀释的办法有很多，如在之后的融资中不再允许该投资人认购新股，而其股份会随着新投资人的加入逐渐被稀释，融资轮次越多，其股份被稀释得就越多。

融资成功不是终点，融资后的资金管理才是对创始人最大的考验。拿到融资资金可以为企业的资金周转赢得时间，但如果创始人花钱没有计划，资金很容易不明不白就流失了，最终并没有给企业提供太大的帮助。另外，投资人也不可能对自己的资金不闻不问。因此，融资成功可以说给企业套上了一把无形的枷锁，这把枷锁让创始人必须时刻保持警惕。

22.1　创业企业花钱原则

创业企业在稳步盈利之前花的都是投资人的钱，因为投资人时刻都有可能撤资，所以创始人不能漫无目的地花钱，而要做到有计划、有目标地花钱，把钱花在刀刃上，这样才能得到投资人的信任。

22.1.1　梳理支出费用，去掉不必要支出

一个创始人的项目通过融资平台拿到了 500 万元的天使轮融资，投资人给出了 2000 多万元的估值。然而，仅过了半年时间，500 万元几乎用尽，该创始人只能开始下一轮融资。这位创始人周边的朋友都用过他的产品，并给了很高的评价，大家都非常欣赏这位创始人的能力。

下面是该企业的一些经营数据：企业每个月的收入约为 50 万元，环比月增长为 7%；企业员工人数为 18 人，大部分都是工程师；企业一个月的成本约为 130 万元，实际每个月的资金消耗为 80 万元；现在企业的银行账户上有 100 万

元，可供企业再运营 1 个月左右的时间。

看起来，这位创始人的企业已经危在旦夕，如果没有下一轮融资，企业很可能会倒闭。然而，该创始人依然非常乐观，认为企业经营一直都是非常顺利的，只要调整一下产品战略，然后与联合创始人多讨论一下企业的未来规划，整个企业的未来发展是非常光明的。而且，他坚信企业的用户都是非常支持他的，企业的销售数据也会稳步上升。当前每个月将近 50 万元的进账就足以说明一切，用户确实愿意为企业的产品买单。现在，企业的银行账户里还有 100 万元的资金，他觉得自己有足够的时间做接下来的事情。

一个即将深陷危机的企业的创始人居然丝毫没有意识到企业出了问题。问题的根源在于，这家企业用钱无度，而收入增长却没有跟上。

在这种情况下，几乎没有投资人会对该企业感兴趣。最糟糕的是，企业内部的投资人没有一个愿意站出来在下一轮融资中领投。这意味着这些曾经对该企业表示看好的人都失去了继续投资的信心。缺乏说服力的指标，再加上种种负面事实，意味着该创始人能够得到下一轮融资的成功性接近于零。

该创始人原本应该怎么做呢？在获得天使轮融资后，他本应该规划好现金流，将成本压缩至最低。尽管企业每个月的销售额约 50 万元，并且有一定的固定用户，但也不能过于乐观，毕竟每个月的成本将近 130 万元，这要求创始人必须在短期内实现企业的突破性增长。

那么，创业企业应如何压缩项目成本呢？关键在于梳理支出费用，去掉不必要支出，具体操作内容如下。

1．选择房租低的办公场所

一般来说，创业企业选择办公场所有两个标准：一是价格便宜，二是交通便利。解决方案有两个：一是在孵化器租工位，二是在家办公。

北京中关村创业大街中有很多创业孵化器，各种孵化器提供的办公场所和行政服务都比较完善，包括工位、公共会议室、前台、打印机等设备。创业孵化器是按照工位收租金的，价格为 1000～3000 元不等。如果创业企业不太需要接待客户，也不需要大摆台面，那么在家办公也是一个压缩房租成本的方法。

2．尽可能使用二手办公设备

创业企业在初始经营阶段，避免不了要置办办公设备和日常用品，这是一笔很大的花销。所以说，在不影响工作效率的前提下，能用二手设备来代替的，就尽量不要花钱添购新设备，尤其是特殊的大件办公室设备，不仅成本高，而且在将来转让的时候也很难出手。另外，文件柜与打印机等设备还可以选择租赁，这样就能省下一笔庞大的费用。随着创业企业规模的扩大，创始人可以再考虑添购新设备。

3．减少日常开支

日常开支包括两方面：一是人力开支，二是行政开支。在创业初期，创业企业可以聘用兼职者或实习生来完成工作，减少人力开支。待创业企业经营步入正轨后，再考虑雇佣全职人员。同时，一定要限制创业企业的行政支出。例如，尽量乘坐公共交通工具，减少交通费用；鼓励员工节俭，包括用水、用电等。

4．采取底薪+绩效的方式

很多创业企业采用高薪策略想留住人才，事实上，这样不仅会增加人工开支，员工还容易产生懈怠情绪。因此，创业企业可以采用底薪+绩效的方式，这样不仅能激励员工，而且能有效控制成本。在核心人员的薪资方面，创业企业可以采用期权、股票等方式代替高额薪资。

5．不要凡事都聘请专人来做

现有团队可以完成的事情，不要花费额外的经费。当然，团队完全做不了、做不好的事情，聘请专人来做是应当的。因此，创业企业首先要分清做不了和懒得做的差别，然后再决定由谁来做。

6．营销广告花费用到刀刃上

不要为了使自己的产品快速推广出去，就将大把的钱投入营销方面。在网络营销方面，创业企业可以通过和一些微信、微博"大V"合作来推广产品，以降低营销成本。这类推广方式的费用低、效果好，每条信息推广费用为千元左右。而电视广告每天的花费有可能达到上万元，这对创业企业来说是一笔非常大的费用。

总体来说，压缩项目成本是为了获得更多的利润。这就需要创始人对事情的重要性做出清晰的判断。比如，哪些方面最重要，哪些方面不重要，哪些方面需要紧急处理。能否将钱用到实处关系到压缩成本的意义，如果省下来的钱用到了不该用的地方，那么节省成本也就没有意义了。

22.1.2 尽快补齐短板

当首轮融资完成后，创业企业需要尽快补齐短板，为下一轮融资做准备。比如，一家电商网站的长板十分明显，即可以通过社交媒体获取很多用户，且获取用户的成本只有几毛钱；其短板也很明显，即水果类产品的物流较差，导致用户投诉特别多。在这种情况下，该电商网站在获得风险投资后，首先应补齐水果类产品的物流短板。

2015 年 8 月，婚嫁 O2O 平台婚派网对外宣布其在年初就获得由启赋资本提供的 2000 万元的天使轮融资。婚派网创立于 2015 年 3 月，创始人为于洪涛。婚派网主要通过婚礼规划师切入婚嫁 O2O 平台，并借助互联网工具对线上及线下的资源进行整合，从而为用户提供全方位服务。在这个平台上，婚礼规划师可以运用自身的从业经验，为用户提供婚纱、摄影、婚礼、珠宝等一整套的建议服务。

婚派网对自己的定位是一站式的婚庆服务网站，与其对接的有婚宴、珠宝、婚礼策划、婚纱等商家。在一条完整的产业链里，每个商家都能找到适合自己的位置，这是一个相当庞大的工程。

婚派网创始人于洪涛说："我们团队和投资人见面聊了一次之后，融资就基本上完成了。与竞争对手相比，婚派网能够成功融资的优势有两个：一是在这个行业里，婚派网团队不仅具备互联网思维，还拥有丰富的婚庆领域的从业经验；二是婚派网团队掌握了用户真正的需求。"

婚派网在融资时，对资金用途进行了全方位的规划。其融资资金会用在三个方面：一是打磨线上产品，也就是对 PC 端和移动端 App 的建设；二是建立服务标准化体系；三是建立规模优势。

婚派网之所以把资金重点用在这三个方面，是考虑到补齐短板的需要。婚派网知道自己的短板在哪里、自己应该注重哪些方面，这也是投资人毫不犹豫决定投资的原因。

22.1.3 完善目前产品

目前，创业成本相对较低，这对科技企业的创始人来说是一个很大的优势。从创意迈向产品的过程并不需要创始人花费过高的成本。一般情况下，创始人并不需要为了让一个创意变成产品，而投入过多的精力在基础设施建设上。

摆在创始人面前的问题只有一个，就是尽快让创意变成产品，哪怕只是产品雏形。然后，让用户试用该产品，观察用户的反应，根据用户的反馈来调整自己的开发方向。

创始人需要利用用户反馈的数据来评估符合用户需求的功能。到这时，创始人就能知道自己是否把握了市场上的某个先机，从而将目光放到外界，去寻找新的融资。

小米就是其中的一个典型案例。从创立到现在，小米已经获得了多轮融资，其估值也一路攀升。那么，小米在获得巨额融资后到底做了什么？关于这个问题，小米的创始人雷军回答说："小米将为让所有人都能享受到科技的乐趣而努力，我们会用这笔巨额资金打造高品质、高性能、体验棒的小米。"

在迅速成长的路上，小米的知识产权不仅为其提供了必要的支撑，还是它不断开拓国内外市场的工具和武器。如果没有专利的积累，小米在迈向国外市场时可能会遇到很多无法想象的困难。

对整个市场来说，小米的高速发展创造了国内智能手机生产企业的一个神话。然而，小米面对的风险与质疑也一直存在。因此，根据知识产权策略先"韬光养晦"后"兴诉维权"的原则，雷军在做好知识产权布局的前提下，不断加大产品、服务的推广力度，迅速抢占市场。

此外，小米还积极投资，以此来扩展自己的业务和规模。在人工智能时代，小米更是致力于打造"智能生态链布局的里程碑"，并与很多其他行业的巨头进行深度合作。

越像小米这样成长速度较快的企业，越要注重发展过程的脚踏实地，重视专利才是企业健康成长、不断拓展市场和走出去的重要基础，因此小米的巨额融资也有很大一部分用在了此项中。

22.1.4　尽可能扩大用户规模

在有待开发的市场中，大多数创业企业融资后都会把资金用于扩大用户规模。用户规模的扩大代表着市场份额的增加，而最终占有绝对市场份额的企业将成为这个市场中的巨头企业。

22.2　现金流如何把控

　　企业在一段时间内不盈利可能不会马上倒闭，但如果企业的账户中没有流动资金，那么它一定会倒闭。如果一个创业企业没有太强的融资能力，那么其创始人一定要注意对现金流的把控，控制好成本，慢慢摸索前进的方向。

22.2.1　制订流动资金使用计划

　　在获得首轮融资后，后续的融资也会陆续进场。正是因为有了这些资金，创始人才能聘请顶尖的工程师团队来为其打造产品、收购竞争对手、让执行层面的人才进入董事会、租用更好的办公场地以容纳不断壮大的员工队伍。也正是得益于这些资金，创始人才能率先成为市场上首批胜出的赢家。

　　但在这个过程中，创始人在开销上的原则不能变，即让每一分钱都不浪费。因此，创始人必须利用好流动资金，不能随便把钱用在各种庆祝融资成功的派对上，也不能盲目砸钱在增加产品曝光率等方面。

　　流动资金是企业创造价值的媒介，在经济结构加速调整的情况下，创始人只有正确认识流动资金的特点和作用，合理安排融资的结构和规模，才能避免被市场淘汰出局。

　　通常，企业盈利的基本保证是充足的流动资金。具体来说，企业的产能利用率与其流动资金的占用量有很大关系，产能利用率的提升必然伴随着流动资金占用量的增加。只有当产能利用率超过盈亏平衡点时，企业才能盈利，而且产能利用率越高，企业的盈利就越多。

　　很多创始人很容易在扩张的冲动下将流动资金用作长期资产，而忽视了流动资金不足会导致企业盈利能力下降甚至亏损的情况。此外，当一家企业经营红火时，很多银行会为其投放短期贷款，而一旦企业因经营不善出现问题，银行的压贷很容易导致企业倒闭。这种情况在当前经济形势下时有发生，创始人应当高度重视。

　　因此，创始人必须制订流动资金使用计划，保证企业合理使用流动资金。流动资金使用计划的制订应遵循以下三项原则。

1. 足量安排原则

　　企业在项目建设之初就应按达产时测算的流动资金占用量进行资金安排，尽量不要使用铺底流动资金。

2．适时投放原则

企业在具备在达产的技术条件后，其产能利用率要依靠市场销售情况来确定。根据市场销售情况投放货币资金来保持适量的原材料库存和产成品库存，可以避免因销售不畅导致库存过剩而占用货币资金的情况。

3．长短结合原则

在长短结合原则下，为了保证流动资金的稳定性，企业应该使用中期流动资金或经营性固定资产来向银行申请贷款。此外，在使用短期资金时，企业应该将销售收入的获得与贷款资金的偿还联系在一起，这样可以避免企业在未获得销售收入的情况下，另行筹措资金偿还贷款而造成巨大的压力。

商业银行一年期以下的短期贷款就属于这种情况。在企业使用多笔短期贷款的情况下，由于贷款偿还期限的确定性与销售收入回款的不确定性之间的矛盾，企业不得不提前准备一定量的货币资金用来偿还贷款，导致企业资金使用效能低下。具体表现为企业账户中有超额货币资金，但是企业流动资金紧缺。造成这种现象的根本原因是企业流动资金来源长短配比失当，金融产品选择不当。

企业在遵循上述三项原则的同时，还应遵循专项资金专项使用的原则。为了保证企业的正常持续经营，严禁将流动资金用于长期资产或投机等行为。

22.2.2 保证自己有一部分应急备用金

在考虑融资金额时，创始人应坚持一个原则，即保证自己有一部分应急备用金。创业企业做得越大，创始人越需要准备一笔备用金，以防不时之需。一般情况下，应急备用金应该是企业全体员工几个月工资的总和。

对一些大企业来说，这笔资金也算一笔不小的数字。有了这样一笔钱留作备用，创业企业就不会轻易被变化莫测的市场淘汰了。

应急备用金可以确保创业企业将主要精力放在技术创新和研发新产品上，甚至能够保证创业企业一直保持创新力。

22.2.3 不要忽视资产负债率对现金流的影响

资产负债率是企业负债总额与资产总额的比率，是衡量企业负债水平及风险程度的重要标志。在评价企业信用等级和融资能力时，资产负债率可以作为一项重要的指标。一般认为，资产负债率的正常水平为 40%～60%，而 70% 是资产负债率的安全警戒线。

对于高风险企业，为了降低财务风险，创始人应选择较低的资产负债率财务政策；对于低风险企业，为了增加股东收益，创始人应选择较高的资产负债率财务政策，但必须保持在 70% 的安全警戒线以内。

例如，某企业的资产负债率为 68%，即将达到 70% 的安全警戒线。这一数值表示该企业债务负担过重，因此企业管理者应采取有效措施以控制风险。然而，该企业的项目建设现状决定了在未来两年内，企业的资产负债率还会进一步上升，该企业在融资上面临着有史以来最大的难题。一方面，如果该企业为了继续建设项目而加大融资规模，那么该企业的资金风险将难以控制。同时，企业信用等级的下降会引起银行的警惕，致使银行少贷或不再给该企业放贷，甚至有可能出现银行提前收贷的情况。另一方面，如果该企业不再对外融资，则当前建设的项目将因资金缺乏而导致失败。

该企业要想解决眼下的难题，除了继续对外融资，最重要的工作是想办法降低其资产负债率。

一般情况下，企业的资产负债率只能表明企业的整体偿债能力。过高的资产负债率代表一种潜在的财务危机，这种潜在的财务危机最终是否会成为现实危机主要取决于企业的负债结构是否合理。如果企业的大部分负债都是三年以上的长期负债，只要企业当前发展状况良好，有充足的现金流及一定的盈利能力，那么企业就不会发生财务危机；相反，如果企业的大部分负债都是一年期的短期负债，那么企业将面临严重的现金支付压力。如果没有控制好财务问题，那么企业马上就会陷入困境。同时，企业对外融资能力也会急剧下降，使企业面临双重压力。

因此，创始人要依据企业的现金流与融资能力合理规划负债结构，防止负债结构不合理导致企业无法支付到期的债务而面临倒闭的风险。

在控制资产负债率方面，恒大集团就做得很好。2011 年，在很多房地产开发商都不能完成全年销售目标的情况下，恒大集团的业绩依然非常好。2011 年 9 月，恒大集团的销售额达 92 亿元，相比去年同期 40 亿元的销售额大幅增长；同年 10 月，恒大集团已提前完成全年 700 亿元的销售目标。

在 2011 年的中期业绩会上，恒大集团董事长许家印发表讲话称，限购政策继续实行可能令行业"金九银十"的销售期望落空，但恒大集团充足的货源将有效支撑接下来的月销售数据。然而，随后的一段时间市场持续低迷，限购、限贷政策都对恒大集团产生了影响。

据恒大集团管理层在 2011 年 9 月业绩会上所述，2011 年 1 月—9 月，恒大集团在售的 104 个项目中，有 40 个项目受到了限购政策的影响，占比 38.5%。这 40 个项目的销售额达 348.1 亿元，销售额占比达 50.3%。

2011 年 10 月，恒大集团的推盘数量有较大的增长，在完成了全年既定目标后，恒大集团决定在 11 月和 12 月放缓销售速度，为 2012 年打基础。当时，恒大集团总地价款为 946 亿元，已付 575 亿元，未付 371 亿元。2011 年下半年计划支付 162 亿元，2012 年计划支付 175 亿元，2013 年计划支付 34 亿元。

同年，恒大集团一年期内的债务为 92.3 亿元，占债务总额的比例为 18.2%，债务压力主要集中在未来 2~5 年。

综上所述，2011 年恒大集团的还款总额为 254.3 亿元，再加上在建工程款项，其必须在 2011 年年底前流入 500 亿元资金才能覆盖资本开支。当时，恒大集团的利息偿付倍数为 5.6 倍，具有较高的还本付息能力，短期贷款及长期贷款占比分别为 18.2% 及 81.8%，负债结构合理。但由于其资产负债率超过了安全警戒线，恒大集团在 2011 年第四季度有意将投资步伐放缓。

截至 2011 年 9 月底，恒大集团称 2011 年的土地储备已经基本完成，如果没有特殊状况，恒大集团不会再投资新土地。随着销售回款进一步增加及下半年对开工建设速度的控制，恒大集团将减少支出，使其资产负债率下降至 65% 左右。

就在诸多房地产开发商纷纷追求规模快速扩张之际，恒大集团却悄然开始转变，寻求规模与效益的平衡。事实证明，恒大集团的决定非常正确。

2016 年 10 月 10 日，恒大集团发布 9 月销售简报，2016 年其累计销售额已达 2805.8 亿元，一举超越万科，奠定全球第一房地产企业的地位。

恒大集团的案例告诉我们，降低企业的资产负债率、提高企业的融资能力是非常重要的。如何提高企业的融资能力，具体有以下三种做法。

1. 加强对资产负债率的控制

企业应定期进行报表汇总，汇表单位包括二级核算单位及控股子公司等。

企业要监督汇表单位加强对资产负债率的控制，使汇总的报表能够真实反映企业整体资产负债率的变化。因此，汇表单位应认真研究降低资产负债率的措施，严格控制企业内部往来随意挂账的现象，对往来科目进行清理，将内部抵销做到完全、彻底。

2. 增加企业经营的净现金流量

① 大力争取国家资本金和其他形式的财政补助。目前，我国对一部分关系到民生和符合产业政策的项目有 5%～10% 的资本金。对企业来说，这是无成本的纯现金收入，创始人应尽最大努力争取。此外，针对一些符合产业政策的项目，国家也有各项财政配套资金、贴息及一些免退税的规定，这也是企业的宝贵资源，这些资源对降低企业资产负债率、增加现金流大有好处。创始人可以多搜集相关信息，尽可能争取外部无偿资金。

② 加快应收账款和存货的周转，减少流动负债。企业在建设项目时，需提前支付订购设备的部分款项，减少预付账款余额。同时，企业要加强采购管理，合理减少材料库存，从而实现减少流动负债、降低企业资产负债率的目标。

③ 盘活企业存量资产，合理配置资源，提高固定资产利用率，使闲置的资产得到充分利用。这样做的结果必然是增加产出及现金流入。

④ 提高企业的经济效益，增加自身资金储备。提高企业经济效益的途径就是增收节支；一方面，企业要增加产品销售量，保证质量、提高价格，及时回收货款；另一方面，企业要严格控制货币资金预算，减少非生产性支出，降低消耗，增加利润。

3. 通过财务管理调整负债结构

降低资产负债率的主要目的是提升企业信誉，提高企业融资能力，从而保证企业资金周转安全。因此，在企业资产负债率稳定的情况下，应针对企业内部的财务状况加强财务管理，积极调整负债结构，在实质上提高企业的融资能力。

（1）重视负债结构，合理安排融资

对企业来说，保障资金周转安全是极其重要的。因此，创始人要把防范短期负债风险放在首位。在企业的有息流动负债与现有货币资金基本持平的情况下，如果有大量短期负债，企业就必须保持较高的货币资金余额，才能防范偿付风险。

在偿付短期负债的能力偏弱的情况下，企业应严格控制流动资金贷款的规模，除项目搭桥贷款、项目铺底流动资金贷款及为保证资金安全周转而必须借入的短期借款外，其他情况下都不应再新增流动资金贷款。

近几年来，国家大力发展债券市场，企业债、公司债、短期融资券及中期票据等债券发行门槛都有所降低，办理手续也非常简便。因此，企业可以考虑发行债券，尽可能筹集长期资金。

（2）变换贷款主体

目前，企业一般都以自己的名义对外贷款，如果金融机构因企业财务状况不佳而拒绝给企业放款，那么创始人可以考虑变换贷款主体对外贷款。

第 23 章

如何提升投资人的参与热情

创始人与投资人的关系直接影响企业的发展，如果投资人能为创始人提供很多附加的帮助，创始人在企业的经营上就能多走捷径、少走弯路；相反，如果投资人对企业不闻不问，这看似给了创始人足够的发挥空间，实际上为日后双方之间的矛盾埋下了隐患。

23.1 满足投资人的情感需求

创始人与投资人虽然是利益关系，但是也需要情感来维系。创始人在与投资人相处时信任是第一位的，要想实现双赢就必须放下顾虑和疑问，相信投资人，满足投资人的情感需求。另外，创始人要与投资人多沟通，避免产生分歧。

23.1.1 给投资人更优惠的待遇

在投资前，投资人关注的是企业能否给予自己可观的投资回报，以及企业是否有经验丰富的管理团队、合理的估价、防范和控制风险及开拓市场的能力等。在投资后，投资人关注的则是企业给他的优惠待遇。创始人要借鉴上市公司的成功经验，把回报投资人当成一件重要的事情。

创始人回报投资人的前提是明白投资人喜欢什么、想要什么。投资人一般都喜欢现金分红，不喜欢股票拆细。因为他们清楚，一家企业如果有持续不断的现金分红，证明其盈利能力强、经营状况良好。因此，创始人给投资人最好的回报就是现金分红。

对投资人来说，现金分红不仅可以改善其收入结构，使其对企业更有信心，而且稳定的现金分红制度还会让投资人理性地预估企业的经营前景。

对企业来说，现金分红可以带来长期资金的注入，增加长期资金的投资比重，进一步增强市场稳定性。企业年金、保险、养老金、公积金等长期资金都需要长期稳定的投资回报。

许多企业在融资后都通过建立股权分配制度、加强投资人关系管理、不断提升企业业绩等方式来回报投资人。其中，泸州老窖就是一个很经典的例子。

泸州老窖集团董事局主席谢明曾在接受采访时说："在股权分置改革前，公司的现金分红是一种被动行为；在股权分置改革后，公司董事会转变观念，对积极回报投资人、给投资人以真实回报有了进一步认识，现金分红成为管理层的主动行为，以及回馈投资人的主要手段。同时，公司实际控制人用在公司分得的现金打造白酒配套产业链，又反过来促进了公司的发展。"

毋庸置疑，泸州老窖回报投资人的做法是成功的。企业在融资后要想实现双赢，必须不断回报投资人，给予其更优惠的待遇。

23.1.2 尊重投资人的决策权

一旦投资人选择投资，就成了企业的股东。相关调查表明，一个融资企业将以投资人为代表的股东的权益保护得越好，其市场占有率就越高、发展就越好。

融资后，企业将进入一个全新的时代。这时，创始人一定要意识到投资人股东的重要性，在重置股权结构后一定要尊重各股东的决策权。要知道，单打独斗会力不从心，并肩作战才能胜出。

《公司法》第九十八条规定："股份有限公司股东大会由全体股东组成。股东大会是公司的权力机构，依照本法行使职权。"《公司法》第一百零三条又规定："股东出席股东大会会议，所持每一股份有一表决权。但是，公司持有的本公司股份没有表决权。股东大会作出决议，必须经出席会议的股东所持表决权过半数通过。"

股东作为股份持有者，在行使其决策权时，创始人不应该过多干预。一些创始人为了提高项目运作效率，不会事事都与股东商议，这也是正常的。然而，在重大事项上，创始人必须让股东参与决策。

在决策方面，应遵循透明化原则。"透明"已经成为很多股东最关心的问题，对透明度的把控堪称一门艺术。透明度主要建立在信任的基础上，如果股东对决策层缺乏信任，就会引起不必要的猜疑。比如，企业的财务状况、与外部团队的合作、员工的工资设置等，都需要向股东汇报。这样做不仅是为了向股东告知信息，还是对股东的一种尊重，让股东有存在感。

股东能依法行使权利是对企业最基本的要求，企业要建立健全的制度让股东充分行使自己的权利。无论是大股东还是小股东，其合法权利都应得到尊重。然而，很多企业都存在大股东无视小股东的现象。为了避免出现这种现象，创始人应该做到以下三点。

1. 完善小股东的委托投票权

委托投票制是指股东委托代理人参加股东（大）会并代行投票权的法律制度。该制度对维护股东的表决权有很重要的意义。因此，创始人应完善小股东的委托投票权，使其充分行使自己的合法权利。

2. 限制大股东的表决权

按照《公司法》规定，股东应该是一股一权。但是，为了防止大股东操纵企业事务，不尊重小股东，企业应制定相应的制度限制大股东的表决权。一些国外法律规定，在股东（大）会上，持有 50% 以上企业股份的股东，其超过 50% 部分的股份将丧失表决权。我国《公司法》并未对大股东的表决权进行具体限制，创始人可以根据具体情况通过公司章程来限制。

3. 设立保护小股东权益的专门机构

一些企业设有保护小股东权益的专门机构，这些机构代表或组织代替小股东行使权利，以降低其行使权利的成本。这些机构的主要职责如下。

① 代表小股东参加股东（大）会，行使提案权、表决权、质询权。

② 代表或组织小股东行使诉讼权，为其提供组织和援助。

③ 为小股东提供关于企业管理、依法行使权利和维护自身利益的咨询。

设立专门机构不仅可以得到股东的信任，还有助于更好地发展企业。从某一方面来讲，维护股东权益就是尊重股东的决策权，而尊重股东的决策权就是尊重投资人的决策权。

23.1.3　回应投资人的建议

投资人对决策意见提出建议，创始人需要记录并适时做出回应。但创始人不需要执行投资人提出的所有建议，而要考虑项目的实际状况，对那些不便采纳的建议给予解释。这样做可以避免让投资人感到尴尬，从而熄灭投资人的参与热情。

在企业日常经营管理的过程中，以投资人为代表的股东对企业的参与程度是根据其持有的股份决定的，股份的多少决定了股东话语权的大小。很多情况下，大股东会利用其股份优势影响甚至决定股东（大）会、董事会的决议，而小股东的建议则容易被忽视。

企业在进行某些事项的决议时，不仅要听取大股东的建议，还应听取小股东的建议，并及时给予其反馈。回应投资人股东的建议不仅是对其话语权的尊重，在一定程度上还会促进企业的发展。

五粮液副总经理彭智辅在接受某媒体采访时表示："投资人既是股东，也可能是潜在的消费者。所以，在实际生产经营中，股东打来电话，向公司提一些发展建议时，我们会第一时间反馈。而这些建议也会在某些程度上促进公司的经营发展。"

从企业的角度来看，尊重投资人就是尊重投资人的话语权。对投资人提出的疑问，创始人不仅要做到有问必答，还要尽可能让投资人满意，而不是回避或敷衍了事。

最能体现企业听取并回应投资人建议的地方就是现金分红，但现金分红并不是越多越好，它会受企业发展、财务规划等很多因素的影响。对于比较弱势的中小股东，企业应当设置相关渠道让中小股东表达自己的建议。

相关部门曾针对现金分红问题发布通告，强调要充分听取中小股东的意见和诉求，这无疑给中小股东加了一把保护伞。然而，要想对企业形成约束力，还需要制度上的保证。目前，A股市场还未形成现金分红约束机制，如果将大股东和管理层的现金分红政策交由社会公众股东分类表决通过，就可以更好地保护中小股东的利益。

总之，融资后的企业是属于全体股东的，创始人要积极听取所有股东尤其是投资人股东的建议，尊重其话语权。

23.2　激发投资人的使命感

创始人要想与投资人建立长久的联系，必须让投资人与自己建立一致的目标，赋予投资人使命感。有了使命感以后，投资人就会以创始人的心态参与创业企业运营，以主人翁的身份把创业企业当成自己的企业来做。

23.2.1　长期目标要远大，短期目标要容易实现

找到"两情相悦"的投资人是创业延续下去的保证，树立长期和短期的目标则是企业平稳经营的保证。没有一个长期目标的企业是支撑不了多久的，而所有的长期目标都是由一个个小的短期目标积累起来的。因此，创始人应当明确企业的长期目标和短期目标，长期目标要远大，短期目标要容易实现。

阿里巴巴创始人马云就是一个目标远大的创始人。早在十几年前，马云就制定了一个目标：建成世界上最大的电子商务公司，进入全球网站排名前十位。现在，马云做到了。马云成功的重要因素就是他给自己制定了明确、清晰的长期目标，最终缔造了中国互联网史上的奇迹。

企业的长期目标和短期目标同样重要，因为两者是相互作用的。短期目标是长期目标的基础，长期目标是短期目标的结果。在制定好短期目标后，如何执行很重要。美国的索尼克兔下车连锁餐厅（以下简称索尼克）就证明了这一点。

索尼克发展的前 40 年，像许多公司一样面临一个问题：公司发展太快，没有脚踏实地地执行短期目标，公司合伙人不断地幻想"宏伟的计划"，使得一些短期内能做好的事情没有得到有效执行，导致公司停滞不前，面临破产。后来，索尼克聘请了年轻的律师克利夫·哈德森（Cliff Hudson）任 CEO，才得以扭转乾坤。

克利夫·哈德森在任职后给公司制定了一套核心价值体系，即"索尼克兔下车连锁餐厅的马路规则"。这一核心价值体系改变了索尼克分销商互不关联的局面，通过整合改革提高了公司收入。在过去的 10 年中，索尼克分销商的平均营业收入一直保持良好的增长状态。

有人曾经问过克利夫·哈德森："为什么不在每个州都开设分店？为什么不开设更多的分店？"克利夫·哈德森回答说："如果我们不把每天的事情做好，只制定长期的发展目标是没有意义的。"

克利夫·哈德森没有强迫自己遵守一份几年后他们将有多少家分店的时间表。因为他知道，通过提高一家分店的年销售额，并按每年新增一两百家分店的速度增长，公司的长期目标就一定会越来越近。

索尼克的成功告诉创始人一个道理：在关注长期目标的同时，要不断协调短期目标，保证正确执行和实现短期目标。在集中精力完成短期目标后，再根据企业发展变化不断调整长期目标，不要被长期目标束缚。这样，企业才能长久立足，实现收入持续增长。

23.2.2　信任驱动而非 KPI 驱动

俗话说，用人不疑，疑人不用。创始人也应该明白这个道理，相信自己的投资人。要知道，股东之间一旦出现了信任危机，将直接影响企业的存亡。

开过车的人可能都有类似的经历：当你在专心开车时，如果副驾驶上的人一直出言干扰你的操作，就会导致你心情烦躁，反而更容易出现问题。适当的提醒是好意，但过度的提醒就会造成他人的反感，毕竟谁都不愿意像木偶一样被摆弄，投资人也一样。所以，要想让投资人对创业企业"视如己出"，就要给他足够的信任，而不是通过 KPI（关键绩效指标）维持关系。

例如，微软创始人比尔·盖茨就做得非常好。微软不像其他公司一样，给股东、员工制定一大堆规定，它更注重信任。比尔·盖茨相信每一位股东、每一位员工，他会给予股东和员工充分的空间，使其发挥自身最大的作用和潜能。

微软首席技术官巴特勒·兰普森（Butler Lampson）对比尔·盖茨在给予员工信任方面的做法颇有感触。进入微软后，巴特勒·兰普森享受到了宽松的工作氛围，除了比尔·盖茨有时会向他请教一些问题，几乎没有人去打扰他。比尔·盖茨既不给他派任务，也不给他规定工作时限，他以一门心思地钻研自己感兴趣的课题。当比尔·盖茨问到一些很难解答的问题时，他甚至都无法马上回答，而是等一段时间之后才能给予其答复。

在这种充分的信任下，巴特勒·兰普森既不需要做那些繁重的开发工作，也不需要做那些烦琐的行政工作，他只要安心从事自己喜爱的科学研究就行了。即使几个月甚至一两年都没有研究成果，他的薪资和股份也不会受到影响。在这种充满信任、宽松的工作氛围中，微软旗下聚集了一大批英才。

充分信任自己的股东、员工，使得微软在各种市场转变中应对得非常成功。

如果没有了信任，微软很可能就没有今天的成就了。

从投资人的角度来讲，当投资人决定投资后，就必须对所投企业的创始人和项目深信不疑。在投资之前，投资人只会看到项目的潜力和创始人的领导能力等优点；而在投资之后，一旦项目进入开发流程，投资人就开始挑剔。此时，投资人也许会发现创始人光有创意，但执行力不足。为了监督创始人的工作，投资人甚至与企业员工一样每天准点到企业报到。长此以往，投资人就会对自己当初的投资决定感到怀疑。这种怀疑一旦萌芽，就会导致矛盾的产生。

当投资人与创始人产生矛盾时，本来非常有潜力的项目可能因此以失败告终。因此，学会"投人不疑"对投资人来说有重大意义。

"投人不疑"要求投资人认清一个现实：所有的创业项目都必须经过千锤百炼才能成功。如果你决定不投一个项目，那么你可以列出一百个理由；但当你决定投资这个项目时，你只能选择相信创始人。如果你只与创始人沟通了三五次就丧失了信心，怀疑创始人的能力，并开始寻找替代方案，那么无论你投资什么项目，结果都不会好。

如果创始人与投资人之间产生了信任危机，那么企业的发展将停滞不前。信任危机产生的原因大致分为以下几种情况。

1. 股权结构不合理

股权结构不合理容易造成两种结果：一是一股独大，二是股权过于分散。无论哪种结果都不利于企业的发展和稳定，而一半对一半的股权结构也很容易产生信任危机。因此，创始人在引进投资后，一定要制定一个合理的股权结构，避免出现这些情况。

2. 股东管理与企业管理的职责划分不明确

创始人一定要将具体的管理事务划分明确，哪些事务该由股东管理、哪些事务该由企业管理一定要有一个清晰的界定，否则很容易产生信任危机。

3. 每个人对利益的要求不同

有些人的目光长远，想把企业做大做好；而有些人却只注重眼前利益，只想多赚点钱。每个人对利益的要求不同，则很容易产生信任危机。

上述这几种情况，创始人在管理企业时一定要着重注意，只有信任你的投资人，你的企业才会越来越好。

23.2.3 打破权威，分散决策

创始人除了口头表示信任投资人，还要学会放手，把权力分散下去。众所周知，不管是团队还是企业都要有一个领导，但最好不要树立权威。因为没有谁能保证自己的决策永远正确，所以最好不要让某个人来承担所有的决策。

创始人在管理企业时一定要打破权威，因为树立权威对企业的伤害是很大的。它会让企业员工失去独立思考的能力，推卸责任。员工会说："当时是领导说要……，失败了也与我们没关系，不是我们的责任。如果……，那我们就不会失败。"

因此，创始人要尽可能把权力分散下去，不要认为这样做自己可能会失去控制权，其实这反而会给自己带来意想不到的收益。作为创始人，要相信你的投资人比你更加专业，他们的信息比你更全面、更及时。还有一点很关键，你只有给了他们权利，他们才愿意承担责任。谷歌、腾讯和小米都是这样做的，这样做不仅使创始人变得很轻松，投资人也做得很开心。

分散权力表现为分散决策，即建立分散型决策机制，其主要特征为个人独立的、互不重叠的决策权。分散型决策机制的优点有三个：第一，分散型决策机制对信息的搜集最直接、反应最灵敏、处理最便捷；第二，分散型决策机制下的个人是对自己股份权利的最好控制者，因为这种控制与个人利益直接相关；第三，独立分散的决策权可以使投资人的动力得到保障。

当然，分散型决策机制也有缺点：第一，建立在个人基础上的决策会受到个人能力的限制；第二，分散型决策机制通过市场行为来实现，会增加交易费用，提高决策成本。

创始人采用分散型决策机制管理企业，要发挥其优点，尽量避免其缺点，发挥其最大的作用。

23.2.4 给投资人足够的物质回报

创始人在管理企业时不仅要给予投资人精神上的回报，还要给其足够的物质回报。当企业发展越来越好、获利越来越多时，给投资人的物质回报也要越来越多。给投资人足够的物质回报、物质激励，会使其工作更有动力，其工作效率也会随之提高，企业的发展也会越来越好。

在雅虎，很多股东都能享受到股东福利。雅虎会给股东及其家属提供免费医疗、健康设施和免费咖啡等福利。在硅谷总部，雅虎员工还可以享受洗车、购买生日礼物、送花、洗衣、胶卷冲印等福利。

给股东（投资人）足够的物质回报可以调控企业人工成本和生产基金的关系，树立良好的企业形象，提高企业的美誉度。给股东物质回报的具体实施方案有以下几种。

① 为股东提供健身俱乐部的会员资格，包括游泳、滑雪、足球、羽毛球等项目。

② 为股东提供带薪年假、病假等多项休假福利。

③ 为股东提供医疗费用报销、体检等多项保健福利。受益人还包括股东的配偶、子女及其他家庭成员。股东及其直系亲属，在需要的时候，还可以享受专业咨询服务。

④ 每年都为股东提供适当的旅游津贴，让股东有机会放松身心。

⑤ 赠送股东礼金或购物礼品券。在股东结婚、生育、生病、亲属逝世时赠送礼品或慰问品，或在节日时给股东发放一定金额的购物卡或超市礼券。

以上方案都能为股东的工作或生活带来便利。在得到这些物质回报后，股东也会更加积极地投入工作中，提高工作效率，共同促进企业的发展。

23.2.5　建立超越工作的伙伴关系

企业融资后，投资人和创始人就不再是陌生人了，二者既是独立的个体，又是一个整体。投资人和创始人的关系是影响企业发展的因素之一。如果投资人与创始人能够维持较好的关系，甚至建立超越工作的伙伴关系，就能促进企业的发展。

在与投资人交流的过程中，创始人最好不要把自己的位置放得太高，以免造成投资人的反感。作为项目的主导者，创始人理应有自己的观点和理念，但投资人作为项目的参与者也会有自己的意见和建议。当两者出现矛盾时，创始人应尝试做一个倾听者，尊重投资人的建议。

创始人可以把投资人想象成与自己联合创业的一员，仔细斟酌投资人的建议是否合理及自己的方案是否需要修改。当创始人重视投资人的意见和建议时，投资人也会重视创始人的观点和理念。这样，接触的时间长了，创始人和投资人之间就会越来越默契，从而促进企业的发展。

在接触的过程中，创始人与投资人之间的关系会从最开始的合作伙伴变成朋友。但是，工作中的友谊常是一个敏感问题，一旦处理不当就会给企业造成非常恶劣的影响。所以，在处理与投资人的关系时，创始人一定要分清公事和私事，在一些原则性问题上不要被感情左右。

创始人应当把投资人变成自己创业团队中的一员，让他与自己和其他团队成员共同为一个目标努力，共同在困境中面对各种问题，共同寻找解决问题的办法。

23.3　塑造投资人的荣誉感

为什么许多企业都在建设企业文化？因为优秀的企业文化能让员工产生荣誉感。不仅是员工，投资人同样也需要荣誉感。如果一个投资人对自己投资的企业有较强的荣誉感，那么他就会无比热情地投入工作中。

23.3.1　人性化的管理政策让投资人有荣誉感

著名的西点军校将荣誉教育看得非常重要。在西点军校，每一位学员都必须熟记所有的军阶、徽章、肩章、奖章的样式及其区别，记住它们代表的意义。在这样的要求下，西点军校就在无形中培养了学员的荣誉感。这同样值得所有创始人学习和借鉴。

越来越多的企业开始重视增强投资人的荣誉感，其意义在于增强投资人的责任感，让投资人将企业的事当成自己的事，最终实现企业经营目标与个人目标同步发展。

企业在塑造投资人的荣誉感时，应制定相对完善的企业制度，加强企业人文关怀，让投资人有向心力、使命感，从而产生荣誉感。

这就要求企业在管理方面制定一些人性化的管理政策，如为投资人提供良好的薪酬和福利，为投资人提供安全、舒适的工作环境，制定科学合理的激励机制等。

1. 为投资人提供良好的薪酬和福利

企业为投资人提供的薪酬和福利一定要合理、公平、多样，如果把握不当，不但不能增强投资人的荣誉感，还会适得其反。薪酬和福利的多样性很重要，不同的薪酬和福利会产生不同的效果，投资人的荣誉感也会随之变化。

2．为投资人提供安全、舒适的工作环境

事实证明，人性化的工作环境能让投资人更有归属感，更能感到企业对他的重视，长此以往，投资人会更容易产生荣誉感。

在打造安全、舒适的工作环境方面，谷歌几乎是全球商界的典范。据统计，谷歌平均每分钟会收到 144 份求职简历，平均每天新增的员工高达 9 人。谷歌扩增的速度与其人性化的工作环境有很大关系。

谷歌在购置土地、建设或优化办公场所方面从不吝惜资金，其目的是保证员工在最舒适的工作环境中工作。2006 年，谷歌为了建设总部曾斥资 3.19 亿美元；2013 年 2 月，谷歌又对总部进行了大规模扩建，实现了建筑设计风格绿色化。

此外，谷歌还在办公楼内配置了健身设施、台球桌、按摩椅、帐篷等设备，装修风格很人性化，且每位新员工都可以获得 100 美元用来装饰自己的办公室。

在谷歌上班的员工非常自由。工作劳累的时候，他们可以躺在公司准备的各式各样的沙发上小憩一会儿。在谷歌的办公室里随处都是打游戏、锻炼身体及睡觉的员工，有些员工甚至在弹钢琴。这也是人们挤破了头都想进谷歌工作的原因之一。

同时，谷歌文化委员会在推广企业文化的同时，会组织一些主题活动，包括各种社区活动、环保活动及资助活动等。人性化的工作环境和多样的业余活动提高了员工的工作效率，激发了员工的创造性。

投资人也是如此，安全、舒适的工作环境能让投资人更加放松，更快地融入企业，增强其荣誉感。

3．制定科学合理的激励机制

科学合理的激励机制对增强投资人的荣誉感意义重大。激励机制是企业为投资人建立的除薪酬外的参与、培训、晋升、荣誉、精神抚慰、尊重制度。企业应利用各种手段为投资人构建平台、提供机会，并兑现其对投资人的承诺。这样，投资人自然会把自己的目标和企业的目标相统一，更加主动地参与公司的发展决策。

制定科学合理的激励机制不仅可以让投资人产生强烈的荣誉感，还能让其更好地为企业分忧解难。

23.3.2　塑造企业价值观并引领投资人的价值观

企业文化的核心是企业价值观，企业价值观是企业的灵魂，没有价值观的企业犹如一盘散沙。企业融资后，不仅要塑造企业价值观，还要以先进、严谨的文化理念引领投资人的价值观，营造良好的企业文化。

企业价值观的外在表现就是企业形象。良好的企业形象会给企业带来巨大的财富，为企业赢得公众的信任，使投资人产生强烈的自豪感、荣誉感。企业形象的塑造不仅依靠大众媒体的宣传和优质的产品，还依靠投资人这个企业天然代言人。

那么，创始人应如何塑造企业价值观并引领投资人的价值观呢？

首先，企业的领导者需要言传身教，树立统一的价值观。投资人的企业价值观并不是天生的，需要企业的灌输与宣传。经过一段时间的磨合后，投资人才能接受企业的价值观并将其内化为自身的价值观。这个过程需要创始人的引导与宣传。

其次，建立健全的配套机制。创始人要将企业价值观渗透到企业经营管理的每一个环节中。

最后，塑造企业精神。所有成功的企业都拥有自己的企业精神。惠普公司在企业精神塑造方面很值得其他公司学习。

惠普公司在创立初期就建立了"企业发展资金以自筹为主，提倡改革与创新，强调集体协作精神"的价值观，并使之成为其核心价值观。然后，在这个核心价值观基础上，逐渐形成具有惠普特色的企业精神。

这种"惠普模式"的企业精神更加注重员工和顾客的利益：提倡公司员工人人平等的价值观，为公司员工服务，对公司员工表示信任和依赖；倡导顾客至上的经营观，为顾客提供优质的产品。这种企业精神为惠普公司的发展奠定了基础。

惠普公司案例告诉我们，企业价值观是企业文化的强大推动力，因此企业应不断向投资人灌输企业核心价值观，引领投资人的价值观，促进企业文化的发展。

23.3.3　营造良好的企业文化氛围感染投资人

企业文化是企业的"面子",是企业持续发展的动力,是永远不能被复制的。企业文化与创始人的信念是密切相关的。良好的企业文化不仅可以提升企业形象,还可以感染投资人,增加其自身的存在感,从而增强企业的凝聚力。

创始人在建设企业文化时要遵循一个原则:做的和说的一致,说的和想的一致。说的和想的可以根据创始人的思想而变化,但做的和说的一致是企业文化的关键。很多时候,投资人看的不是创始人怎么说,而是创始人怎么做。

创始人可以借鉴以下几种方法建设企业文化。

① 坚持以人为本,重视员工的满意度。员工满意了就会以积极的心态投入工作,从而达到满意的工作效果。美国席尔士公司曾做过一项调查,调查表明员工满意度的提升会连带提升顾客满意度,同时提高企业的绩效。

② 创办企业内部宣传刊物,向员工宣传和渗透企业文化。除此之外,还可以举办一些集体活动、公益活动,使员工感受到企业文化的丰富内涵,进一步增强企业的凝聚力,使员工产生强烈的归属感。

③ 统一员工的理念和价值观念。企业应该注重把员工的信念、需求、利益、价值与企业的目标进行整合,统一员工的理念和价值观念。一个和谐、良好的文化氛围将会进一步深化员工的归属感。

④ 营造和谐的工作环境,树立良好的企业风气。企业风气直接影响员工的满意度,因此创始人一定要加以重视,避免产生不良风气。和谐友好、健康活泼、积极向上的企业风气才会令员工产生愉悦感、舒适感,才可以为企业吸引更多的人才。

⑤ 提高企业管理层的综合素质。每位领导的工作风格都不相同,他们往往会把自己的脾气、秉性融入企业管理中。因此,创始人一定要注重自身管理水平的提高,从领导力、号召力等方面感染员工,在不知不觉中改变员工的态度、信念和价值观,使员工产生归属感,从而建设良好的企业文化。

23.3.4　认可投资人的工作

每个人都希望自己的付出得到认可,投资人也不例外,他们对企业的付出也希望得到创始人的认可。

　　创始人对投资人认可的形式有很多，有正式的、非正式的。例如，定期向投资人说明企业目标和战略；在项目设计和实施阶段咨询投资人的建议；在工作中给投资人一定的决策权限；为投资人股东提供一些培训和升级课程；提高企业管理者的可见性、可访问性等。

　　认可投资人的工作还包括认可投资人的参与、承诺、贡献和努力。特别当投资人为企业付出了很多努力，但依然没有达到预期结果时，创始人更应该给予投资人认可，这种认可的意义很重要。

　　除了认可投资人的工作，认可"低产员工"和幕后工作者的工作也是必要的。例如，企业的技术、行政等部门的员工也需要得到创始人的认可。

　　南方李锦记在这方面就做得很好。南方李锦记的员工敬业度很高，这与企业的认可是分不开的。与其他企业管理人员不舍得赞扬员工的做法不同，南方李锦记的管理人员认为认可是激励员工最好的方式。

　　南方李锦记总经理李惠森经常对他手下的高管人员说："需要我去表扬你们的下属时，尽管找我。"他认为认可员工不仅可以使其感到企业对自己工作的尊重，还是企业对员工的一种激励。

　　在企业管理过程中，创始人要多感谢、认可投资人和员工的付出，这种认可能够激发投资人和员工对企业的忠诚度和归属感。

创始人与投资人的关系需要长期维护，因为投资人为公司提供的不只是资金，还有经验、人脉和市场。创始人与投资人保持良性互动能更好地促进双方协同前进，达到双赢的局面。

24.1 建立定期联系制度

创始人需要定期向投资人发送公司的财务报表和运营报告，不能因为投资人不问就对他置之不理。此外，创始人需要与投资人定期交流，让投资人充分了解公司的运营状况，避免日后产生分歧。

24.1.1 定期发送财务报表和运营报告

投资人对投资项目享有知情权。投资人积极参与项目投资后的管理，主动跟踪项目，有利于推进项目的发展。相对地，创始人应向投资人定期发送公司的财务报表和运营报告，包括公司资产、负债、业务、运营、经营成果、客户关系、员工关系等发展情况。定期向投资人发送公司财务报表、经营数据、三会决议等文件，也有利于投资人及时发现对项目发展不利的因素。

创始人应向投资人报告的事项包括但不限于以下内容：重大合同；月度、季度、半年度、年度的财务报表；三会决议；业务经营信息；重大的投资活动和融资活动；重要管理人员的任免；公司经营范围的变更；其他可能对公司生产经营、业绩、资产等产生重大影响的事宜。

公司成功融资之后，创始人和投资人的利益是一致的，创始人应积极配合投资人进行项目跟踪工作，而投资人一旦发现项目中存在的问题，也要主动与创始人协商，思考解决方案，避免项目发展走错方向。

24.1.2　定期交流

创始人不可能凭空猜测投资人的想法，毕竟这样是无法和投资人保持思想一致的。因此，创始人要与投资人定期交流，像朋友聊天一样分享各自的想法。

一方面，定期交流有利于创始人及时发现投资人的异常。投资人是出钱的一方，他一定会非常关心自己投资的项目，如果投资人突然表现出无所谓的态度，那么这很可能意味着发生了一些意外，如投资人可能想要撤资了。因此，创始人需要确保投资人对项目保持关注，而保持关注的方法就是经常与投资人交流。

另一方面，创始人与投资人保持定期交流，可以帮助创始人在需要资源时能够向投资人开口求助。就像那些平时几乎没有什么联系但突然开口借钱的朋友一样，如果创始人不能与投资人建立比较密切的联系，则等创始人需要资源时，投资人也不会主动提供帮助。

因此，为了维护与投资人的关系，创始人需要与投资人保持较高频率的日常交流。如果投资人对公司的发展阶段和需要的资源一清二楚，那么不需要创始人开口，投资人就会主动提供帮助；相反，如果投资人根本不清楚创始人最近在做什么，那么创始人突然提出要求，很可能会被投资人拒绝。

24.2　做到平日100%沟通

虽然创始人不能每天与投资人一起工作，但是保持一定频率的沟通还是有必要的。所谓100%沟通并不是说创始人要事无巨细地向投资人汇报，而是要时常与投资人沟通公司各个方面的发展变化，让投资人所掌握的信息与公司的发展情况保持同步。创始人可以从三个方面与投资人保持沟通。

24.2.1　行业信息

行业信息是一项非常重要的沟通内容。由于行业信息变化迅速，所以创始人需要与投资人及时沟通，以便双方对于公司目标有更深入且一致的理解。

当百度以 19 亿美元收购 91 无线的新闻发布时，某业内人士与他的投资人立即针对此事进行了深度讨论。他们都认为这两家公司合并后用户入口的整合将使整个市场的份额发生很大改变，同时还会引起相关行业发生方向性改变。果不其然，不久，豌豆荚就对外发表声明，称其公司目标为"成为用户发掘内容的入口，而不是定位于应用商店"。这一声明表明这位业内人士与其投资人的推测是正确的。

无论哪个行业，只要巨头公司在策略布局上有所变动，往往就会引起行业洗牌。为了应对行业洗牌，创业公司通常需要引进资本伙伴或转换产品的市场方向，甚至还需要调整其策略布局。对于这些因行业变动而引发的公司决策的变化，如果创始人与投资人能及时沟通，就能避免公司产生利益损失。如果行业内发生影响较大的变动，创始人还需要和投资人进行正式的会议商讨。

另外，对于一些重大资本运作的项目，投资人可能有更多的渠道或更早地掌握消息。创始人如果能善用投资人的这部分优势，将会对公司有很大帮助。

24.2.2 执行层面

如果公司内部发生重大变化，创始人必须及时向投资人汇报。这里所说的重大变化是指影响公司执行层面的变化，包括影响公司短期目标推进的变化或公司面临的运营方面的瓶颈等。

创始人可以将投资人视为导师，因为投资人能看到创始人所看不到的东西。当然，投资人可以给创始人提供想法和意见，但是最后的决策权还是要由创始人掌握。

如果创始人有幸找到看好自己的投资人，那么一定要多从他身上汲取"营养"。对创业公司来说，找一个位于产业链上游的投资人是一个不错的选择。因为位于产业链上游的投资人不仅可以给创始人提供资金，还能给公司提供人才、客户、市场等方面资源的支持。让投资人帮助公司拓展业务是一种较为理想的投资状态，有助于公司保持长久发展。

创业公司的资源有限，尤其是客户资源。如果创始人是业内行家，人际关系较广，那么创始人帮助公司发展客户、拓展公司的业务就不是问题。然而，大部分的创始人并非如此。很多创始人都是第一次创业，经验少，几乎没有什么可用的人际关系资源，这时投资人的人际关系资源就能成为创始人建立自己人际关系网的第一步。

如果你的公司的业务拓展进入瓶颈期，那么你可以多参考你的投资人对业务拓展方面的建议，相信会有不小的收获。

24.2.3　核心人员招募

对创业团队来说，核心人员的招募非常重要。通过与投资人共同招募核心人员，创始人可以尽快与投资人在人才选择方面达成一致。通过充分沟通，创始人可以知道投资人对当前团队的人员配置及人员能力的期许和建议，这是一个非常重要的环节。

比如，创始人想要招募一位 CTO 来弥补个人技术能力的缺失，可以先征询一下投资人的意见，听取投资人的看法与建议，如作为 CTO 需要承担的责任等。与此同时，投资人也能结合创始人自身的能力，指出其在人员管理方面的缺失，这样可以避免创始人盲目依赖新的 CTO 来分担工作。

总之，在核心人员招募方面进行沟通可以帮助创始人消除与投资人的意见分歧。如果团队真的缺乏人才，与投资人的沟通也能帮助创始人招募到合适的人才。

投资人帮助创始人招募核心人员有三个优势：第一，可以规范创业公司的招聘模式，帮助创业团队吸引人才；第二，投资人的知名度是创业公司招募人才重要的信誉担保；第三，投资人的人际关系资源对创始人来说是很有价值的资源，投资人可以向创始人推荐重要岗位的人才。

即使创始人可以独立完成核心人员的招募工作，找到公司发展必需的各类人才，也应当征求一下投资人的意见。或许，投资人会发现一些创始人忽略的关键信息。

24.3　争取与其他投资人接触的机会

人脉是创始人维护与投资人的关系能获得的最好的回报。公司在不断发展，因此需要源源不断的资金，融资也需要一轮接着一轮。现有投资人可以依靠自己的人脉为创始人引荐其他投资人，还可以帮助创始人制订下轮融资计划，保障公司的长久发展。

24.3.1 给现有投资人一份下轮投资人名单

现有投资人是创始人最好的融资渠道，如果他们看好公司的发展，很可能会参与公司的下轮融资，做领投或跟投。另外，随着后期投资人的加入，现有投资人也会帮助创始人提高话语权。

因此，创始人要维护好与现有投资人之间的关系，与他们共同确定下轮融资的目标。比如，给现有投资人一份下轮投资人名单，让他们知道该如何帮你、应把你介绍给谁。

例如，一位投资人与朋友一起工作，他不仅帮助朋友分析 A 轮投资人的不同，进一步细化了其愿望清单，还为朋友准备了目前融资所需的展示资料。最重要的是，这位投资人向朋友引荐了其最看好的投资人。毫无疑问，这位投资人的帮助加快了其朋友 A 轮融资的进程。

尽早向现有投资人透露下轮投资人名单，以便让现有投资人知道你的目标是谁，他才能尽其所能为你引荐下轮投资人。

24.3.2 共同制订下轮融资计划

对创业公司来说，融资是保证公司现金流稳定且平稳运营的必要支撑。早期项目大多缺乏合理的财务分配计划，变现渠道不够完善，以致很多创业公司都无法达到盈亏平衡。在这种情况下，一旦资金链断裂，创业公司没有现金流，项目很可能失败。

因此，对创始人来说，即使已经完成了天使轮融资，也不能放下融资这件事情。引入下轮融资需要提前一段时间进行接洽和磨合，所以创始人应与现有投资人未雨绸缪，共同制订下轮融资计划。

一般来说，当公司银行账户中的资金只能支撑公司 18 个月的运营成本时，公司就要开始制订融资计划，并及时启动下轮融资了。此时，创始人就要开始着手对接各路投资人了。

当然，如果创始人在创立公司时就已经制订好了各轮的融资计划，那是最理想的状态，这样既可以避免公司缺钱时再融资的慌乱，又能使公司顺着一个清晰的脉络发展。

专业的投资人都会愿意帮助创始人制订下轮融资计划，其具体内容包括合适的融资时间、竞争对手的融资情况、融资的规模和发展规划、融资前的准备等。

反侵权盗版声明

电子工业出版社依法对本作品享有专有出版权。任何未经权利人书面许可，复制、销售或通过信息网络传播本作品的行为；歪曲、篡改、剽窃本作品的行为，均违反《中华人民共和国著作权法》，其行为人应承担相应的民事责任和行政责任，构成犯罪的，将被依法追究刑事责任。

为了维护市场秩序，保护权利人的合法权益，我社将依法查处和打击侵权盗版的单位和个人。欢迎社会各界人士积极举报侵权盗版行为，本社将奖励举报有功人员，并保证举报人的信息不被泄露。

举报电话：（010）88254396；（010）88258888

传　　真：（010）88254397

E－m a i l： dbqq@phei.com.cn

通信地址：北京市万寿路 173 信箱　电子工业出版社总编办公室

邮　　编：100036